ŒUVRES
COMPLÈTES
DE CONDILLAC.

TOME VIII.

A PARIS,

Chez { GRATIOT, cul-de-sac Pecquay, rue des Blancs-Manteaux.
HOUEL, rue du Bacq, N°. 940.
GUILLAUME, rue de l'Eperon, N°. 12.
POUGIN, rue des Pères, N°. 61.
GIDE, place St.-Sulpice.

Et A STRASBOURG,
Chez LEVRAULT, libraire.

ŒUVRES
DE CONDILLAC,

Revues, corrigées par l'Auteur, imprimées sur ses manuscrits autographes, et augmentées de La Langue des Calculs, ouvrage posthume.

COURS D'ÉTUDES
POUR L'INSTRUCTION
DU PRINCE DE PARME.

L'ART DE RAISONNER.

A PARIS,

DE L'IMPRIMERIE DE CH. HOUEL.

AN VI. — 1798. (E. vulg.)

DE
L'ART DE RAISONNER.

Je vous ai développé les facultés de l'ame, je vous ai fait considérer, d'une vue générale, les différentes circonstances par où l'homme a passé. Vous avez vu l'origine des gouvernemens, des lois, des arts et des sciences; vous avez vu les préjugés, les erreurs et les premiers progrès de l'esprit; vous avez, tour à tour, été étonné des bornes et de l'étendue de notre raison. Cela, Monseigneur, doit vous apprendre à vous méfier de vous-même. Vous êtes homme, et vous pouvez vous tromper, tout prince que vous êtes; ou plutôt parce que vous êtes prince, vous devez vous tromper plus qu'un autre. La flatterie qui vous a assiégé dès le berceau, et qui n'attend que le moment de vous assiéger encore, n'est pas intéressée à vous dessiller les yeux. Je vous dois la justice que vous n'aimez pas à être flatté. Je m'en souviendrai toujours, et souvenez-vous-en sur-tout vous-même ; vous avez rougi plus d'une fois des louanges que vous saviez ne pas mériter. Voulez-vous donc écarter les flatteurs ? Il n'est qu'un moyen : soyez plus éclairé qu'eux. Il seroit humiliant pour vous d'être le jouet de quelques courtisans.

Jusqu'ici j'ai essayé de vous faire raisonner ; il s'agit aujourd'hui de vous montrer tout l'art du raisonnement. Voyons donc quels sont, en général, les objets de nos connoissances, et quel est le degré de certitude dont ils sont susceptibles.

L'histoire de la nature se divise en science de vérités sensibles, et en science de vérités abstraites.

Il n'y a proprement qu'une science, c'est l'histoire de la nature : science trop vaste pour nous, et dont nous ne pouvons saisir que quelques branches.

Ou nous observons des faits, ou nous combinons des idées abstraites. Ainsi l'histoire de la nature se divise en science de vérités sensibles, la physique ; et en science de vérités abstraites; la métaphysique.

Quand je distingue l'histoire de la nature en science de vérités sensibles, et en science de vérités abstraites, c'est que je n'ai égard qu'aux principaux objets dont nous pouvons nous occuper. Quel que soit le sujet de nos études, les raisonnemens abstraits sont nécessaires pour saisir les rapports des idées sensibles ; et les idées sensibles sont nécessaires pour se faire des idées abstraites, et pour les déterminer. Ainsi on voit que, dès la première division, les sciences rentrent les unes dans les autres : aussi se prêtent-elles des secours mutuels, et c'est en vain que les philosophes tentent de mettre des barrières entre elles. Il est très-raisonnable à des esprits bornés comme nous, de les considérer chacune à part ; mais il seroit ridicule de conclure qu'il est de leur nature d'être séparées. Il faut toujours se souvenir qu'il n'y a proprement qu'une science et si nous connoissons des vérités qui nous paroissent détachées les unes des autres, c'est que nous ignorons le lien qui les réunit dans un tout.

La métaphysique est de toutes les sciences celle qui embrasse le mieux tous les objets de notre connoissance ; elle est tout-à-la fois science de vérités sensibles, et science de vérités abstraites. Science de vérités

La métaphysique embrasse tous les objets de notre connoissance.

sensibles, parce qu'elle est la science de ce qu'il y a de sensible en nous, comme la physique est la science de ce qu'il y a de sensible au-dehors : science de vérités abstraites, parce que c'est elle qui découvre les principes, qui forme les systêmes, et qui donne toutes les méthodes de raisonnement. Les mathématiques mêmes n'en sont qu'une branche. Elle préside donc sur toutes nos connoissances, et cette prérogative lui est due : car s'il est nécessaire de traiter les sciences relativement à notre manière de concevoir, c'est à la métaphysique, qui seule connoît l'esprit humain, à nous conduire dans l'étude de chacune. Tout est, à certains égards, de son ressort. Elle est la science la plus abstraite; elle nous élève au-delà de ce que nous voyons et sentons ; elle nous élève jusqu'à Dieu, et elle forme cette science que nous appelons *théologie naturelle*.

<small>Deux métaphysiques ; l'une de sentiment l'autre de réflexion.</small> La métaphysique, lorsqu'elle a pour seul objet l'esprit humain, peut se distinguer en deux espèces; l'une de réflexion, l'autre de sentiment. La première démêle toutes nos facultés; elle en voit le principe

et la génération, et elle dicte en conséquence des règles pour les conduire ; on ne l'acquiert qu'à force d'étude. La seconde sent nos facultés; elle obéit à leur action ; elle suit des principes qu'elle ne connoît pas ; on l'a sans paroître l'avoir acquise, parce que d'heureuses circonstances l'ont rendue naturelle ; elle est le partage des esprits justes ; elle en est, pour ainsi dire, l'instinct. La métaphysique de réflexion n'est donc qu'une théorie qui développe, dans le principe et dans les effets, tout ce que pratique la métaphysique de sentiment. Celle-ci, par exemple, fait les langues; celle-là en explique le système : l'une forme les orateurs et les poètes ; l'autre donne la théorie de l'éloquence et de la poésie.

Je distingue trois sortes d'évidence : *Trois sortes d'évidence.* l'évidence de fait, l'évidence de sentiment, l'évidence de raison.

Nous avons l'évidence de fait, toutes les fois que nous nous assurons des faits par notre propre observation. Lorsque nous ne les avons pas observés nous-mêmes, nous en jugeons sur le témoignage des autres, et ce témoignage supplée plus ou moins à l'évidence.

Quoique vous n'ayez pas été à Rome, vous ne pouvez pas douter de l'existence de cette ville; mais vous pouvez avoir des doutes sur le temps et sur les circonstances de sa fondation. Parmi les faits, dont nous jugeons d'après le témoignage des autres, il y en a donc qui sont comme évidens, ou dont nous sommes assurés, comme si nous les avions observés nous-mêmes; il y en a aussi qui sont fort douteux : alors la tradition, qui les transmet, est plus ou moins certaine, suivant la nature des faits, le caractère des témoins, l'uniformité de leurs rapports, et l'accord des circonstances.

Vous êtes capable de sensations : voilà une chose dont vous êtes sûr par l'évidence de sentiment. Mais à quoi peut-on s'assurer d'avoir l'évidence de raison ? A l'identité. *Deux et deux font quatre*, est une vérité évidente d'évidence de raison, parce que cette proposition est, pour le fond, la même que celle-ci, *deux et deux font deux et deux*. Elles ne diffèrent l'une de l'autre que par l'expression.

Je suis capable de sensations, vous n'en doutez pas; et cependant vous n'avez, à cet égard, aucune des trois évidences. Vous n'avez pas l'évidence de fait; car vous ne pouvez pas observer vous-même mes propres sensations. Par la même raison vous n'avez pas l'évidence de sentiment, puisque je sens moi seul les sensations que j'éprouve : enfin vous n'avez pas l'évidence de raison; car cette proposition, *j'ai des sensations*, n'est identique avec aucune des propositions qui vous sont évidemment connues.

Le témoignage des autres supplée à l'évidence de sentiment et à l'évidence de raison, comme à l'évidence de fait. Je vous dis que j'ai des sensations, et vous n'en doutez pas. Les géomètres vous disent que les trois angles d'un triangle sont égaux à deux droits, et vous le croyez également.

Au défaut des trois évidences et du témoignage des autres, nous jugeons encore par analogie. Vous observez que j'ai des organes semblables aux vôtres, et que j'agis comme vous, en conséquence de l'action des objets sur mes sens. Vous en concluez qu'ayant vous-même des sensations, j'en ai également. Or, remarquer des rapports de ressemblance entre des phénomènes qu'on observe, et s'assurer par-là d'un phénomène qu'on ne peut pas observer, c'est ce qu'on appelle juger par analogie.

Voilà tous les moyens que nous avons pour acquérir des connoissances. Car ou nous voyons un fait, ou on nous le rapporte, ou nous nous assurons par sentiment de ce qui se passe en nous, ou nous découvrons une vérité par l'évidence de raison, ou enfin nous jugeons d'une chose par analogie avec une autre.

Pour vous faire connoître, Monseigneur, ces différentes manières de juger et de raisonner, il me suffira de vous exercer sur différens exemples. Je vais donc en apporter plusieurs, et je ne m'assujettirai d'ailleurs à aucun plan. Il importe peu que je vous fasse un traité de l'art de raisonner; mais il importe que vous raisonniez. Cet art vous sera connu, quand vous aurez été suffisamment exercé.

Cependant il ne me sera pas possible de vous exercer sur les jugemens qu'on porte d'après le témoignage des autres. Vous n'avez pas encore assez fait de lectures pour pouvoir me suivre dans une pareille entreprise : nous ne pourrons faire cette étude que lorsque vous aurez étudié l'histoire, ou qu'à mesure que vous l'étudierez.

LIVRE PREMIER.

Où l'on traite en général des différens moyens de s'assurer de la vérité.

CHAPITRE PREMIER.

De l'évidence de raison.

<small>L'identité est le signe de l'évidence de raison.</small> Pour bien raisonner, il faut savoir exactement ce que c'est que l'évidence, et pouvoir la reconnoître à un signe qui exclue absolument toute sorte de doute.

Une proposition est évidente par elle-même; ou elle l'est, parce qu'elle est une conséquence évidente d'une autre proposition qui est par elle-même évidente.

Une proposition est évidente par elle-même, lorsque celui qui connoît la valeur des termes, ne peut pas douter de ce qu'elle affirme : telle est celle-ci, *un tout est égal à ses parties prises ensemble.*

Or, pourquoi celui qui connoît exactement les idées qu'on attache aux différens mots de cette proposition, ne peut-il pas douter de son évidence ? C'est qu'il voit qu'elle est identique, ou qu'elle ne signifie autre chose, sinon qu'un tout est égal à lui-même.

Si l'on dit, *un tout est plus grand qu'une de ses parties,* c'est encore une proposition identique; car c'est dire qu'un tout est plus grand que ce qui est moins grand que lui.

L'identité est donc le signe auquel on reconnoît qu'une proposition est évidente par elle-même; et on reconnoît l'identité, lorsqu'une proposition peut se traduire en des termes qui reviennent à ceux-ci, *le même est le même.*

Par conséquent une proposition évidente par elle-même est celle dont l'identité est immédiatement apperçue dans les termes qui l'énoncent.

De deux propositions, l'une est la conséquence évidente de l'autre, lorsqu'on voit, par la comparaison des termes, qu'elles affirment la même chose, c'est-à-dire, lorsqu'elles sont indentiques. Une démonstration est donc une suite de propositions, où les mêmes idées, passant de l'une à l'autre, ne diffèrent que parce qu'elles sont énoncées différemment; et l'évidence d'un raisonnement consiste uniquement dans l'identité.

<small>Exemple qui le prouve.</small> Supposons qu'on ait cette proposition à démontrer : *La mesure de tout triangle est le produit de sa hauteur par la moitié de sa base.*

Il est certain qu'on ne voit pas dans les termes l'identité des idées. Cette proposition n'est donc pas évidente par elle-même; il faut donc la démontrer, il faut faire voir qu'elle est la conséquence évidente d'une proposition évidente, ou qu'elle est identique avec une proposition identique : il faut faire voir que l'idée que je dois me former de la mesure de tout triangle, est la même chose que l'idée que je dois avoir du produit de la hauteur de tout triangle par la moitié de sa base.

Pour cela, il n'y a qu'un moyen, c'est d'abord d'expliquer exactement l'idée que j'attache à ces mots, *mesurer une surface*, et ensuite de comparer cette idée avec celle que j'ai du produit de la hauteur d'un triangle par la moitié de sa base.

Or mesurer une surface, ou appliquer successivement sur toutes ses parties une autre surface d'une grandeur déterminée, un pied carré, par exemple, c'est la même chose. Ici l'identité est sensible à la seule inspection des termes. Cette proposition est donc du nombre de celles qui n'ont pas besoin de démonstration.

Mais je ne puis pas appliquer immédiatement sur une surface triangulaire un certain nombre de surfaces carrées d'une même grandeur ; et c'est ici qu'une démonstration devient nécessaire, c'est-à-dire, qu'il faut que, par une suite de propositions identiques, je parvienne à découvrir l'identité de cette proposition : *la mesure de tout triangle est le produit de sa hauteur par la moitié de sa base*. Peut-être cela vous paroîtra-t-il d'abord bien difficile : rien cependant n'est si simple.

Je vous ferai d'abord remarquer que connoître la mesure d'une grandeur, ou connoître le rapport qu'elle a avec une grandeur dont la mesure est connue, c'est la même chose : il n'y a point de différence, par exemple, entre savoir qu'une surface a un pied carré, ou savoir qu'elle est la moitié d'une surface qu'on sait avoir deux pieds carrés.

Après cela, vous comprendrez facilement que si nous trouvons une surface sur laquelle nous puissions appliquer successivement un certain nombre de surfaces carrées d'une même grandeur, nous connoîtrons la mesure d'un triangle, aussitôt que nous découvrirons le rapport de sa grandeur à la grandeur de la surface que nous aurons mesurée.

Fig. 1.
Planche I.

Prenons pour cet effet un rectangle, c'est-à-dire, une surface terminée par quatre lignes perpendiculaires. Vous voyez que vous pouvez le considérer composé de plusieurs petites surfaces de même grandeur, toutes également terminées par des lignes perpendiculaires, et vous voyez encore que toutes ces petites surfaces prises ensemble, sont la même chose que la surface entière du rectangle.

Or il n'y a point de différence entre diviser un rectangle en surfaces carrées de même grandeur, ou appliquer successivement sur toutes ses parties une surface d'une grandeur déterminée.

Je considère donc un rectangle ainsi divisé, et je vois que le nombre des pieds carrés qu'il a en hauteur, se répète autant de fois qu'il y a de pieds dans la longueur de sa base. Si, sur le premier pied de sa base, il a exactement trois pieds carrés de haut, il a aussi exactement trois pieds carrés sur le second, sur le troisième, et sur tous les autres. Cette vérité est sensible à l'œil: mais ils est aisé de la prouver par des propositions identiques.

En effet, un rectangle est une surface dont les quatre côtés sont perpendiculaires les uns aux autres.

Dans une surface dont les côtés sont perpendiculaires, les côtés opposés sont parallèles, c'est-à-dire, également distans dans tous les points opposés de leur longueur.

Une surface, dont les deux côtés opposés sont également distans dans tous les points opposés de leur longueur, a la même hauteur dans toute la longueur de sa base.

Une surface qui a la même hauteur dans toute la longueur de sa base a autant de fois le même nombre de pieds en hauteur que sa base a de pieds en longueur.

Toutes ces propositions sont identiques. Elles ne sont que différentes manières de dire, *un rectangle est un rectangle.*

Par conséquent, mesurer un rectangle, appliquer successivement sur les parties de sa surface une grandeur déterminée, diviser sa surface en carrés égaux, prendre le nombre de pieds qu'il a en hauteur autant de fois qu'il a de pieds dans la longueur de sa base, ce n'est jamais que faire la même chose de plusieurs manières différentes.

Cela étant, il n'est plus nécessaire ni de diviser la surface en petits carrés, ni d'appliquer successivement sur les différentes parties une surface d'une grandeur déterminée : en prenant le nombre de pieds en hauteur autant de fois qu'il y a de pieds dans la base, on aura la mesure exacte.

On peut donc substituer cette proposition,

mesurer un rectangle, c'est prendre le nombre de pieds en hauteur autant de fois qu'il a de pieds dans sa base, à celle-ci par où nous avons commencé, *mesurer un rectangle, c'est appliquer successivement sur ces différentes parties une surface d'une grandeur déterminée.*

A la vérité, nous n'avons pas connu, à l'inspection des termes, que ces deux propositions n'en sont qu'une seule : mais l'identité n'a pu nous échapper, lorsque nous l'avons cherchée dans la suite des propositions intermédiaires. Nous avons vu la même idée passer des unes aux autres, et ne changer que par la manière dont elle est exprimée.

Démontrer, c'est donc traduire une proposition évidente, lui faire prendre différentes formes, jusqu'à ce qu'elle devienne la proposition qu'on veut prouver. C'est changer les termes d'une proposition, et arriver, par une suite de propositions identiques, à une conclusion identique avec la proposition d'où on la tire immédiatement. Il faut que l'identité qui ne s'apperçoit point quand on passe par-dessus les propositions intermédiaires, soit sensible à la seule inspection des termes, lorsqu'on va immédiatement d'une proposition à l'autre.

La proposition que nous venons de démontrer, *mesurer un rectangle c'est prendre le nombre de pieds qu'il a en hauteur, autant de fois qu'il a de pieds dans la longueur de sa base*, est la même chose que multiplier sa hauteur par sa base, et celle-ci est encore la même chose que prendre le produit de sa hauteur par sa base.

Or, cette proposition, *la mesure d'un rectangle est le produit de sa hauteur par sa base*, est un principe d'où il faut aller, par une suite de propositions toujours identiques, jusqu'à cette conclusion : *La mesure de tout triangle est le produit de sa hauteur par la moitié de sa base.*

Mais j'ai déjà remarqué que la mesure du rectangle nous étant connue, nous découvrirons la mesure du triangle, lorsque nous saurons le rapport de l'une de ces figures à l'autre : car il n'y a pas de différence entre connoître une grandeur, ou savoir son rapport à une grandeur connue.

Un rectangle, divisé par sa diagonale, Fig. 1. offre deux triangles, dont les surfaces prises ensemble, sont égales à la sienne. Or, dire que ces deux surfaces sont égales à celles du rectangle, c'est la même chose que de dire, que les deux triangles ont été formés dans le rectangle par la diagonale qui le divise en deux.

Vous remarquerez de plus que ces deux triangles sont égaux en surface : vous voyez même à l'œil la vérité de cette proposition ; mais il faut vous en démontrer l'identité.

L'étendue d'une surface est marquée par les lignes qui la terminent, et par les angles que font ces lignes. Par conséquent dans *deux surfaces sont égales* et dans *deux surfaces sont terminées par des lignes égales, faisant les mêmes angles*, il n'y a qu'une seule proposition exprimée de deux manières.

Donc *les surfaces de deux triangles sont égales* ou *les côtés de ces triangles sont égaux, et font les mêmes angles*, sont encore deux propositions identiques. Les deux triangles que renferme un rectangle, divisé par sa diagonale, ont donc deux surfaces égales, si leurs côtés sont égaux, et s'ils font les mêmes angles.

Or, dire que deux triangles sont ainsi renfermés dans un rectangle, c'est la même chose que si l'on disoit, qu'ils ont un côté commun dans la diagonale du rectangle, et qu'ils ont encore même base et même hauteur, faisant le même angle ; et dire qu'ils ont un côté commun dans la diagonale du rectangle, et qu'ils ont encore même base, et même hauteur, faisant le même angle, c'est dire, qu'ils ont les trois côtés égaux, et une surface égale, ou plus brièvement, qu'ils sont égaux en tout.

Mais dire qu'ils sont égaux en tout, c'est dire, que chacun des deux est avec le rectangle dans le rapport d'une moitié à son tout : proposition qui n'est que la traduction de celle-ci, *le rectangle est divisé en deux triangles égaux.*

Or, dire qu'un triangle est avec un rectangle, qui a même base et même hauteur, dans le rapport d'une moitié à son tout, ou dire, que la mesure de ce triangle est la moitié de la mesure de ce rectangle, ce sont, par les termes mêmes, deux propositions identiques.

Mais nous avons vu que la mesure du rectangle est le produit de la hauteur par la base. Cette proposition, *la mesure de ce triangle est la moitié de la mesure de ce rectangle*, sera donc identique avec celle-ci, *la mesure de ce triangle est la moitié du produit de la hauteur par sa base*, ou, comme on s'exprime ordinairement, *est le produit de la hauteur par la moitié de la base.*

Il ne s'agit plus que de savoir si la mesure de toute autre espèce de triangle est également le produit de la hauteur par la moitié de la base.

Quelle que soit la forme d'un triangle, dont on veut connoître la grandeur, on peut du sommet abaisser une perpendiculaire; et cette perpendiculaire tombera dans l'intérieur sur la base, ou au-dehors.

Si elle tombe dans l'intérieur, elle le divise en deux triangles, qui ont deux de

Fig. 3.

leurs côtés perpendiculaires l'un à l'autre, et qui sont, par conséquent, de même espèce que celui que nous avons mesuré. La mesure de chacun d'eux est donc le produit de la hauteur par la moitié de la base.

Or, connoître la mesure de ces deux triangles, ou connoître celle du triangle que nous avons divisé en abaissant la perpendiculaire, c'est la même chose. Cette surface est la même, qu'elle soit renfermée dans un seul triangle, ou qu'elle soit partagée en deux. C'est donc encore la même chose de dire du grand triangle ou des deux petits, que la mesure est le produit de la hauteur par la moitié de la base.

Fig 4. Si la perpendiculaire tombe hors du triangle, nous n'avons qu'à continuer la base jusqu'au point où ces deux lignes se rencontreront, et nous formerons un triangle de la même espèce que celui que nous avons d'abord mesuré.

Par cette opération vous avez deux triangles renfermés dans un, et vous voyez que la surface est la même, soit que vous la considériez dans le grand, soit que vous la considériez dans les deux qui la partagent.

Ce sera donc la même chose de mesurer cette surface, en prenant le produit de la hauteur du grand triangle par la moitié de sa base, qu'en prenant séparément le produit de la hauteur des deux petits par la moitié de leur base. Ces deux opérations reviennent au même, et il n'y a d'autre différence, sinon que dans l'une on fait en deux fois ce que dans l'autre on fait en une.

L'identité est donc sensible dans les deux propositions suivantes : *le grand triangle que nous avons formé, en continuant la base jusqu'à la perpendiculaire, a pour mesure le produit de sa hauteur par la moitié de sa base : chacun des triangles renfermés dans le grand, a pour mesure le produit de sa hauteur par la moitié de sa base.*

Mais quelque forme qu'ait un triangle, vous pouvez toujours tirer du sommet une perpendiculaire qui tombera dans l'intérieur sur la base, ou qui, tombant au-dehors, coupera encore la base que vous aurez continuée. Vous pouvez donc toujours vous assurer, par une suite de propositions identiques, que sa mesure est le produit de la moitié de sa hauteur par sa base. La démonstration est donc applicable à tous les triangles, et cette vérité ne souffre aucune exception : *la mesure de tout triangle est le produit de sa hauteur par la moitié de sa base.*

<small>Autre exemple qui prouve que l'identité est le seul garde de l'évidence de raison.</small>

Ce n'est pas seulement pour vous donner un exemple, que j'ai choisi cette proposition ; cette vérité, Monseigneur, me servira de principe pour vous conduire à d'autres connoissances. Par la même raison, je vais vous démontrer que *les trois angles d'un triangle sont égaux à deux angles droits* : car c'est encore une vérité que nous aurons besoin de connoître.

La ligne droite est celle qui va directement d'un point à un autre. C'est celle dont la direction ne change point, ou qui conserve dans toute sa longueur la direction dans laquelle elle commence : c'est la plus courte entre deux points ; c'est celle qui, tournant sur ses deux extrémités, tourne dans toute sa longueur sur elle-même, sans qu'aucune de ses parties se déplace. Vous voyez que toutes ces expressions ne sont que différentes manières d'expliquer une même idée, et qu'elles supposent l'idée qu'elle paroissent définir.

Quand il s'agit d'une idée composée de plusieurs autres, elle se définit facilement, parce qu'il suffit d'exprimer les idées dont elle se forme. En disant, par exemple, qu'un triangle est une surface terminée par trois lignes, on le définit; et cette définition a un caractère bien différent des prétendues définitions qu'on donne de la ligne droite. En effet, la définition du triangle en donneroit l'idée à quelqu'un qui n'auroit jamais remarqué aucun triangle : au contraire, les définitions de la ligne droite n'en donneroient pas l'idée à quelqu'un qui n'auroit jamais remarqué aucune ligne droite.

C'est que les idées, lorsqu'elles sont simples, ne s'acquièrent pas par des définitions, et qu'elles viennent uniquement des sens. Tracer une ligne avec un compas, ce sera une ligne courbe : tracez-en une avec une règle, ce sera une ligne droite.

Il est vrai que rien ne vous assure que cette ligne soit droite en effet, puisque rien ne vous assure que la règle le soit elle-même ; mais enfin une ligne droite est ce que vous paroît une ligne tracée avec une règle ; et quoique cette apparence puisse être fausse, elle n'en est pas moins l'idée d'une ligne droite. En considérant la ligne droite et la ligne courbe, vous pouvez remarquer que la première est une proprement, et que la seconde est formée de plusieurs lignes qui se couperoient, si elles étoient continuées. Mais quand vous diriez *la ligne droite est une, la ligne courbe est multiple*, vous ne les définiriez ni l'une ni l'autre. Vous voyez qu'il y a des choses qu'on ne doit pas songer à définir. (1)

Une ligne est perpendiculaire à une

---

(1) Depuis la première édition de mon *Cours d'Étude*, j'ai fait voir, dans ma *Logique*, que c'est à l'analyse seule à faire connoître les choses, et que les définitions se bornent à les montrer. Toute définition qui suppose qu'une chose est connue, est une définition de mot, plutôt qu'une définition de chose.

autre, lorsqu'elle ne penche d'aucun côté, ou qu'elle n'est point inclinée ; lorsqu'elle fait, de part et d'autre, deux angles égaux, deux angles droits, deux angles qui ont chacun 90 degrés, ou qui sont, chacun, mesurés par le quart d'une circonférence de cercle. Ce ne sont encore là que des expressions synonymes et identiques pour celui qui connoît la valeur des mots.

Une ligne est oblique, lorsque sa direction est inclinée sur la direction d'une autre ligne; lorsqu'étant continuée jusqu'au point où elle rencontreroit cette autre ligne, elle feroit avec elle deux angles inégaux, deux angles dont l'un auroit plus de 90 degrés, et l'autre moins.

Deux lignes droites sont parallèles, lorsque, dans toute leur longueur, les points de l'une sont également distans des points correspondans de l'autre, ou lorsque des lignes droites, tirées des points de l'une aux points correspondans de l'autre, sont toutes de même longueur.

Vous remarquerez premièrement que la position d'une ligne droite n'est que le rapport de sa direction à la direction d'une autre; et que, par conséquent, sa direction étant donnée, sa position est déterminée.

En second lieu, qu'une ligne ne peut avoir, par rapport à une autre, que trois positions : ou elle est perpendiculaire, ou elle est oblique, ou elle est parallèle.

Qu'enfin la position d'une ligne, par rapport à une autre, est réciproque entre les deux : si l'une est parallèle à l'autre, l'autre lui est parallèle; si l'une est perpendiculaire à l'autre, l'autre lui est perpendiculaire; si l'une est oblique à l'autre, l'autre lui est oblique, et chacune fait avec l'autre deux angles dont l'inégalité est la même.

Toutes ces propositions sont identiques à l'inspection des termes, et par conséquent, elle ne sont pas du nombre de celles qu'on doit chercher à démontrer. Il nous reste à aller, par une suite de propositions identiques, à cette conclusion, *les trois angles d'un triangle sont égaux à deux droits*.

Supposer que E G, est perpendiculaire sur A B, c'est supposer qu'elle fait sur A B, deux angles égaux ou deux angles droits.

Supposer que cette ligne droite est prolongée au-dessous de A B, c'est supposer qu'elle est prolongée dans la direction E G. Par conséquent, si nous supposons que G F est ce prolongement, ce sera supposer que G F, ainsi que E G, fait sur A B deux angles égaux : car si les deux angles étoient inégaux, l'un seroit plus grand qu'un angle droit et l'autre plus petit. G F seroit donc incliné ; elle ne seroit donc pas le prolongement de E G, ce qui est contre la supposition.

E F est donc, dans sa partie inférieure, comme dans sa partie supérieure, perpendiculaire sur A B, et c'est la même chose que dire, que A B est perpendiculaire sur E F : car supposer que A B est inclinée sur E F, ce seroit supposer que E F est inclinée sur A B : la position d'une ligne, par rapport à une autre, étant réciproque entre les deux.

Mais la ligne E F, étant prolongée jusqu'au point H, suit la direction donnée par les deux points E, G, et elle est droite dans toute sa longueur.

Cela posé, dire que C D est parallèle à

AB, c'est dire qu'elle fait sur EH des angles semblables à ceux que fait AB sur la même ligne ; et dire qu'elle fait des angles semblables, c'est dire qu'elle la coupe à angles droits. En effet, si on supposoit le contraire, on la supposeroit inclinée sur EH; et lui supposant une inclinaison que n'a pas AB, on supposeroit qu'elle n'en est pas la parallèle.

Or dire que CD coupe EH à angles droits, c'est dire, que EH coupe CD à angles droits, et dire que EH coupe CD à angles droits, c'est dire qu'elle coupe AB à angles droits. Il est donc démontré qu'une ligne droite perpendiculaire à une autre ligne droite, est perpendiculaire à toutes les lignes parallèles, sur lesquelles elle sera prolongée, ou qu'elle fera sur toutes des angles droits.

Donc si cette ligne est inclinée sur une parallèle, elle sera également inclinée sur toutes : car supposer qu'elle ne l'est pas également, ce seroit supposer qu'elle n'est pas droite, ou que les lignes qu'elle coupe, ne sont pas parallèles.

Fig. 6. FG est donc également incliné sur AB

et sur CD. Or dire qu'elle est également inclinée sur l'une et sur l'autre, c'est dire, qu'elle fait, du côté qu'elle penche, des angles égaux sur chaque parallèle ; que l'angle q, extérieur aux deux parallèles, est égal à l'angle intérieur u, et que l'angle intérieur s, est égal à l'angle extérieur y.

Il est de même évident que de l'autre côté de la ligne FG, l'angle extérieur est égal à l'angle intérieur, p à t, x à r. Pour rendre la chose sensible, il n'y auroit qu'à renverser la figure.

D'ailleurs, si dans la première figure la ligne qui coupe perpendiculairement les deux parallèles, fait sur chacune deux angles droits ; dans la seconde, la ligne qui les coupe obliquement, fait sur chacune deux angles, qui, pris ensemble, sont égaux à deux droits. Car l'obliquité de la ligne FG, qui fait q, par exemple, inégal à p, ne peut altérer la valeur que ces deux angles ont ensemble. En effet, pour appercevoir l'identité de la valeur des deux angles de la seconde figure à la valeur des deux angles de la première, il suffit de considérer que dans l'une et dans l'autre, les deux angles ont également pour mesure une demi-circonférence de cercle.

p est donc égal à deux droits, moins q : de même t est égal à deux droits moins u. Or, u est égal à q. Donc p et t sont égaux chacun à la même quantité : donc ils sont égaux l'un à l'autre.

F G, dans la partie supérieure à la ligne A B, est inclinée sur le côté B ; et dans la partie inférieure, elle est inclinée sur le côté A. Or, supposer que ces deux lignes sont droites, c'est supposer que l'inclinaison est la même au-dessous, comme au-dessus de la ligne A B : car si elle n'étoit pas la même, l'une des deux lignes ne seroit pas droite.

Mais dire que l'inclinaison est au-dessous, vers le côté A, la même qu'au-dessus vers le côté B, c'est dire que F G fait, avec le côté A, un angle égal à celui qu'elle fait avec le côté B, et que r est égal à q. On prouvera de la même manière que p est égal à s, t à y, u à x. Ces angles sont opposés au sommet : donc les angles, opposés au sommet, sont égaux.

En effet, il est évident que r est égal à deux droits moins p, et que q est égal à deux droits moins p. Ils sont donc chacun égaux à deux droits moins la même quantité. Ils sont donc égaux l'un à l'autre.

Or, dire que r est égal à q, qui lui est opposé au sommet, c'est dire qu'il est égal à tout angle auquel q est égal lui-même. Mais nous avons vu que q est égal à u. Donc r est égal à u. Par la même raison, s est égal à t, p à y, q à x. C'est ce qu'on exprime en disant que les angles alternes sont égaux.

Soit à présent F G parallèle à $d e$. Vous voyez deux angles alternes dans a et d, et deux autres dans c et e. a est donc égal à d, et c à e. Or les angles a, b, c, sont égaux à deux angles droits. Donc d, b, e, sont égaux à deux angles droits. Donc les trois angles du triangle sont égaux à deux angles droits.

Les deux exemples que j'ai apportés dans ce chapitre, sont plus que suffisans pour faire concevoir que l'évidence de raison consiste uniquement dans l'identité. Je les ai d'ailleurs choisis, comme je vous en ai averti, parce que ce sont deux vérités qui nous conduiront à d'autres.

CHAPITRE II.

Considérations sur la méthode exposée dans le chapitre précédent.

<small>Comment l'identité s'aperçoit dans une suite de propositions.</small> Vous voyez sensiblement que dans la démonstration de la grandeur du triangle, toute la force consiste uniquement dans l'identité. Vous remarquerez que nous avons commencé par la définition du mot *mesurer*, que cette définition se trouve dans toutes les propositions suivantes, et que ne changeant que par la forme du discours, elle est seulement de l'une à l'autre énoncée en d'autres termes.

C'est l'impuissance où vous êtes de comparer immédiatement la définition du mot *mesurer* avec celle du triangle, qui vous a fait une nécessité de faire prendre dans le langage différentes transformations à une même idée.

Mais pour passer ainsi par une suite de propositions, et pour découvrir l'identité d'une première définition avec la conclusion d'un raisonnement, il faut connoître parfaitement toutes les choses que vous avez à comparer. Vous ne démontrerez pas la mesure du triangle, si vous n'avez pas des idées exactes et complettes de ce que c'est que *mesurer, rectangle, triangle, surface, côté, diagonale.* Faites-vous donc des idées complettes de chaque figure, et il n'y en aura point que vous ne puissiez mesurer exactement. La méthode que nous avons suivie est applicable à tous les cas où nous ne manquons pas d'idées; et vous pouvez entrevoir que toutes les vérités mathématiques ne sont que différentes expressions de cette première définition. *Mesurer, c'est appliquer sucessivement sur toutes les parties d'une grandeur, une grandeur déterminée.* Ainsi les mathématiques sont une science immense, renfermée dans l'idée d'un seul mot.

On ne peut pas toujours, comme dans l'exemple que je viens de vous donner, faire prendre à une première définition toutes les transformations nécessaires; mais on a des méthodes pour y suppléer, et ce qu'on ne peut pas sur l'idée totale, on le fait successivement sur toutes ses parties.

<small>L'identité est sensible en arithmétique.</small>

Un grand nombre, par exemple, ne peut être exprimé que d'une seule manière, et l'arithmétique ne fournit pas de moyen pour en varier l'expression. Mais si, en considérant deux grands nombres immédiatement, je ne puis pas découvrir en quoi ils sont identiques, je puis découvrir l'identité qui est entre leurs parties, et par ce moyen, j'en connoîtrai tous les rapports. C'est là-dessus que sont fondées les quatre opérations de l'arithmétique, qu'on peut même réduire à deux, l'addition et la soustraction. Quand je dis donc *six et deux font huit*, c'est la même chose que si je disois *six et deux font six et deux*; et quand je dis *six moins deux font quatre*, c'est encore la même chose que si je disois que *six moins deux font six moins deux*, etc.

C'est donc dans l'identité que consiste l'évidence arithmétique, et si à six et deux je donne la dénomination de huit, et à six moins deux la dénomination de quatre, je ne change les expressions, qu'afin de faciliter les comparaisons, et de rendre l'identité sensible.

Les démonstrations ne se font donc jamais que par une suite de propositions identiques, soit que nous opérions sur des idées totales, soit que nous opérions successivement sur chaque partie.

En voilà assez, pour vous faire voir que l'évidence de raison porte uniquement sur l'identité des idées.

CHAPITRE III.

Application de la méthode précédente à de nouveaux exemples.

J'AI déjà eu occasion, Monseigneur, de vous faire remarquer qu'on peut distinguer deux sortes d'essences. Mais pour vous développer l'art de raisonner, il faut considérer trois cas différens.

<small>Ou nous connoissons l'essence véritable d'une chose,</small>

1°. Ou nous connoissons la propriété première d'une chose, celle qui est le principe de toutes les autres; et alors cette propriété est l'essence proprement dite : je la nommerai *véritable* ou *première*.

<small>Ou nous n'en connoissons qu'une essence secondaire,</small>

2°. Ou ne connoissant que des propriétés secondaires, nous en remarquons une qu'on peut dire être le principe de toutes les autres. Cette propriété peut être regardée comme essence par rapport aux qualités qu'elle explique : mais c'est une essence improprement dite; je la nomme *seconde*.

<small>Ou nous n'en connoissons aucune essence.</small>

3°. Enfin, il y a des cas où parmi les propriétés secondaires, nous n'en voyons point qui puisse expliquer toutes les autres. Alors nous ne connoissons ni l'essence véritable, ni l'essence seconde, et il nous est impossible de faire des définitions. Pour donner la connoissance d'une chose, il ne nous reste plus qu'à faire l'énumération de ses qualités : telle est, par exemple, l'idée que nous nous formons de l'or.

Vous avez vu que lorsque nous connoissons l'essence véritable, nous pouvons démontrer tous les rapports avec précision : mais vous jugez que lorsque nous ne connoîtrons que l'essence seconde, il y aura des rapports que nous ne pourrons pas démontrer, et qu'il y en aura même que nous ne pourrons pas découvrir.

Il faut s'assurer des connoissances qu'on a à cet égard.

Voulez-vous donc juger de la force et de l'exactitude d'une démonstration ? Assurez-vous de l'espèce d'essence renfermée dans les définitions sur lesquelles vous raisonnez.

Or, pour peu que vous vous rendiez compte de vos idées, il ne vous sera pas difficile de vous assurer, si vous connoissez l'essence véritable ou l'essence seconde, ou si vous ne connoissez aucune essence.

Quand on ne connoit aucune essence, il ne reste qu'à faire l'énumération des qualités.

L'or est jaune, ductile, malléable. Mais pourquoi un métal a-t-il des qualités qu'un autre n'a pas ? Vous ne sauriez remonter à une qualité première, qui vous en rende raison. Vous ne sauriez donc démontrer avec précision le rapport d'un métal à un métal. Par conséquent, il ne vous reste qu'à faire l'enumération de leurs qualités, et à comparer celles de l'un avec celles de l'autre.

Nous ne connoissons l'essence véritable, ni du corps, ni de l'ame.

Si je vous demande encore pourquoi le corps est étendu, et pourquoi l'ame sent ? plus vous y réfléchirez et plus vous verrez que vous n'avez rien à répondre. Vous ignorez donc l'essence véritable de ces deux substances.

Nous en connoissons l'essence seconde.

Cependant vous considérez que toutes les qualités que vous voyez dans le corps, supposent l'étendue, et que toutes celles que vous appercevez dans l'ame, supposent la faculté de sentir. Vous pouvez donc regarder l'étendue comme l'essence seconde du corps, et la faculté de sentir comme l'essence seconde de l'ame.

L'essence seconde du corps ne peut être identi-

Raisonnez actuellement sur ces deux substances, vous ne pouvez comparer que l'essence seconde de l'une avec l'essence seconde de l'autre ; car vous ne sauriez comparer une essence véritable que vous ne connoissez pas, avec une essence véritable que vous ne connoissez pas davantage. Comparons donc l'essence seconde du corps avec l'essence seconde de l'ame ; et commençons par cette définition, *le corps est une substance étendue.*

<small>que avec l'essence seconde de l'ame.</small>

Je puis varier l'expression de cette définition : je puis me représenter le corps comme divisé en petites parties, en atomes. Ce sera une matière subtile, un air très-délié, un feu très-actif. Mais quelque forme que je fasse prendre à cette définition, il me sera impossible d'arriver à une proposition identique avec *subtance qui sent*. Nous pouvons donc nous assurer qu'en partant de l'idée de substance étendue, nous n'avons point de moyen pour prouver que cette substance est la même que celle qui pense. Il nous reste à commencer par l'idée de substance qui sent; et pour lors nous aurons épuisé tous les moyens de faire sur cette matière les découvertes qui sont à notre portée.

*De l'essence re-
cherchée de l'âme, il
ne s'agit que de sa-
voir ce qu'une
certaine manière de sen-
tir.*

Dire que l'ame est une substance qui sent, c'est dire qu'elle est une substance qui a des sensations.

Dire qu'elle a une sensation c'est dire qu'elle a une seule sensation, ou deux à la fois ou davantage.

Dire qu'elle a une sensation ou deux, etc., c'est dire, ou que ces sensations font sur elle une impression à peu près égale, ou qu'une ou deux font sur elle une impression plus particulière.

Dire qu'une ou deux sensations font sur elle une impression plus particulière, c'est dire qu'elle les remarque plus particulièrement, qu'elle les distingue de toutes les autres.

Dire qu'elle remarque plus particulièrement une ou deux sensations, c'est dire qu'elle y donne son attention.

Dire qu'elle donne son attention à deux sensations, c'est dire qu'elle les compare.

Dire qu'elle les compare, c'est dire qu'elle apperçoit entre elles quelque rapport de différence ou de ressemblance.

Dire qu'elle apperçoit quelque rapport

de différence ou de ressemblance, c'est dire qu'elle juge.

Dire qu'elle juge, c'est dire qu'elle porte un seul jugement, ou qu'elle en porte sucessivement plusieurs.

Dire qu'elle porte successivement plusieurs jugemens, c'est dire qu'elle réfléchit.

Réfléchir n'est donc qu'une certaine manière de sentir; c'est la sensation transformée. Vous voyez que cette démonstration a le même caractère que celle d'où nous avons conclu, *la mesure du triangle est le produit de sa hauteur par la moitié de sa base*. L'identité fait l'évidence de l'une et de l'autre.

Il vous sera facile d'appliquer cette méthode à toutes les opérations de l'entendement et de la volonté. Mais remarquez, Monseigneur, que plus vous avancerez, plus vous serez éloigné d'appercevoir quelque identité entre ces deux propositions: *l'ame est une substance qui sent, le corps est une substance étendue.* Je dis plus: c'est que vous prouverez que l'ame ne sauroit être étendue. En voici la démonstration.

<small>Il s'ensuit encore que l'ame est une substance simple.</small>

Dire qu'une substance compare deux sensations, c'est dire qu'elle a en même temps deux sensations.

Dire qu'elle a en même temps deux sensations, c'est dire que deux sensations se réunissent en elle.

Dire que deux sensations se réunissent dans une substance : c'est dire qu'elles se réunissent ou dans une substance qui est une proprement, et qui n'est pas composée de parties; ou dans une substance qui est une improprement, et qui, dans le vrai, est composée de parties qui sont chacune tout autant de substances.

Dire que deux sensations se réunissent dans une substance qui est une proprement, qui n'est pas composée de parties; c'est dire qu'elles se réunissent dans une substance simple, dans une substance inétendue. En ce cas, l'identité est démontrée entre la substance qui compare, et la substance inétendue; il est démontré que l'ame est une substance simple. Voyons le second cas.

Dire que deux sensations se réunissent dans une substance composée de parties qui sont chacune tout autant de substances, c'est dire qu'elles se réunissent toutes deux dans une même partie, ou qu'elles ne se réunissent dans cette substance, que parce que l'une appartient à une partie, à la partie A, par exemple, et l'autre à une autre partie, à la partie B. Nous avons encore ici deux cas différens. Commençons par le premier.

Dire que deux sensations se réunissent dans une même partie, c'est dire qu'elles se réunissent dans une partie qui est une proprement, ou dans une partie composée de plusieurs autres.

Dire qu'elles se réunissent dans une partie qui est proprement une, c'est dire qu'elles se réunissent dans une substance simple; et il est démontré que l'ame est inétendue.

Dire qu'elles se réunissent dans une partie composée de plusieurs autres, c'est encore dire ou qu'elles se réunissent dans une partie qui est simple, ou que l'une est dans une partie de ces parties, et l'autre dans une autre partie.

Dire qu'une de ces sensations est dans

une partie de ces parties, et que l'autre est dans une autre partie, c'est dire que l'une est dans la partie A, et l'autre dans la partie B; et ce cas est le même que celui qui nous restoit à considérer.

Dire que de ces deux sensations, l'une est dans la partie A, et l'autre dans la partie B, c'est dire que l'une est dans une substance, et l'autre dans une autre substance.

Dire que l'une est dans une substance, et l'autre dans une autre substance, c'est dire qu'elles ne se réunissent pas dans une même substance.

Dire qu'elles ne se réunissent pas dans une même substance, c'est dire qu'une même substance ne les a pas en même temps.

Dire qu'une même substance ne les a pas en même temps, c'est dire qu'elle ne les peut pas comparer.

Il est donc démontré que l'ame étant une substance qui compare, n'est pas une substance composée de parties, une substance étendue. Elle est donc simple.

Avantage de la méthode qu'on a La méthode que nous venons de suivre, vous fait voir jusqu'à quel point il nous est *suivie dans les raisonnemens précédens.* permis de pénétrer dans la connoissance des choses. L'essence seconde suffit pour prouver que deux substances diffèrent; mais elle ne suffit pas pour mesurer avec précision la différence qui est entre elles.

Il est donc bien aisé de ne pas supposer l'évidence de raison où elle n'est pas; il n'y a qu'à essayer de traduire en propositions identiques, les démonstrations qu'on croit avoir faites. Voilà la pierre de touche, voilà l'unique moyen de vous former dans l'art de raisonner.

Par-là, vous comprendrez comment les idées nous manquent, comment, faute d'idées, l'identité des propositions nous échappe, et comment nous devons nous conduire, pour ne pas mettre dans nos conclusions plus qu'il ne nous est permis de connoître. Si vous considérez l'ignorance où vous êtes de la nature des choses vous serez très-circonspect dans vos assertions; vous connoîtrez qu'avec tous les efforts dont vous êtes capable, vous ne sauriez répandre la lumière sur des objets qu'un principe supérieur, qui peut seul les éclairer, ne vous a pas permis de connoître. Mais si Dieu nous a condamnés à l'ignorance, il ne nous a pas condamnés à l'erreur: ne jugeons que de ce que nous voyons, et nous ne nous tromperons pas.

CHAPITRE IV.

De l'évidence de sentiment.

Il se passe bien des choses en vous que vous ne remarquez pas ; et si vous voulez vous le rappeler, il a même été un temps où il y en avoit fort peu qui ne vous échappassent. Heureusement, Monseigneur, ce temps n'est pas bien ancien pour vous, et vous n'avez pas besoin d'un grand effort de mémoire. Les découvertes que vous avez faites en vous-même, sont donc toutes récentes, et vous vous êtes trouvé plus d'une fois dans le cas du bourgeois gentilhomme, qui parloit prose sans le savoir. C'est un avantage dont vous ne sentez pas encore tout le prix ; mais j'espère qu'il vous garantira de bien des préjugés.

Il est difficile de remarquer tout ce qu'on sent.

Cependant vous sentiez toutes ces choses qui se passent en vous ; car enfin elles ne sont que des manières d'être de votre ame, et les manières d'être de cette substance, ne sont, à son égard, que ses manières d'exister, ses manières de sentir. Cela vous prouve qu'il faut de l'adresse pour démêler par sentiment tout ce qui est en vous. La métaphysique connoît seule ce secret; c'est elle qui nous apprend à tout instant que nous parlons prose sans le savoir, et j'avoue qu'elle ne nous apprend pas autre chose; mais il en faut conclure que, sans la métaphysique, on est bien ignorant.

<small>Il est difficile de s'assurer de l'évidence de sentiment.</small>

Les cartésiens croient aux idées innées, les mallebranchistes s'imaginent voir tout en Dieu, et les sectateurs de Locke disent n'avoir que des sensations. Tout croient juger d'après ce qu'ils sentent; mais cette diversité d'opinions prouve qu'ils ne savent pas tous interroger le sentiment.

Nous n'avons donc pas l'évidence de sentiment, toutes les fois que nous pensons l'avoir. Au contraire, nous pouvons nous tromper, soit en laissant échapper une partie de ce qui se passe en nous, soit en supposant ce qui n'y est pas, soit en nous déguisant ce qui y est.

Nous laissons échapper une partie de ce qui se passe en nous. Combien, dans les passions, de motifs secrets qui influent sur notre conduite? Cependant nous ne nous en doutons pas ; nous sommes intimement convaincus qu'ils n'ont point de part à nos déterminations, et nous prenons l'illusion pour l'évidence.

Il a été un temps que vous vous imaginiez être un prince charmant. Votre sentiment vous le répétoit tout aussi souvent que les flatteurs. Alors, Monseigneur, vos défauts vous échappoient, vous ne vous apperceviez point des caprices qui influoient dans votre conduite, et tout ce que vous vouliez, vous paroissoit raisonnable. Aujourd'hui vous commencez à vous méfier et des flatteurs et de vous-même ; vous concevez que nous avons raison de vous punir, et souvent vous vous condamnez vous-même ; c'est d'un bon augure. Mais laissons vos défauts, dont nous n'avons que trop souvent occasion de vous entretenir, et venons à des exemples qui choqueront moins votre amour propre.

Chaque instant produit en nous des sensations que le sentiment ne fait point remarquer, est qui, à notre insu, déterminant nos mouvemens, veillent à notre conservation. Je vois une pierre prête à tomber sur moi, et je l'évite; c'est que l'idée de la mort ou de la douleur se présente à moi, et j'agis en conséquence. Actuellement que vous donnez toute votre attention à ce que vous lisez, vous ne vous occupez que des idées qui s'offrent à vous, et vous ne remarquez pas que vous avez le sentiment des mots et des lettres. Vous voyez, par ces exemples, qu'il faut de la réflexion pour juger sûrement de tout ce que nous sentons. Croire que nous avons toujours senti, comme nous sentons aujourd'hui, c'est donc supposer que nous n'avons jamais été dans l'enfance : et par conséquent, c'est avoir laissé échapper bien des choses qui se sont passées en nous.

<small>Parce que nous supposons ce qui n'y est pas.</small>
Nous supposons en nous ce qui n'y est pas ; car, dès que le sentiment laisse échapper une partie de ce qui se passe en nous, c'est une conséquence qu'il y suppose ce qui n'y est pas. Si, dans les passions, nous ignorons les vrais motifs qui nous déterminent, nous en imaginons qui n'ont point, ou qui n'ont que très-peu de part à nos actions. Il y a si peu de

différence entre imaginer et sentir, qu'il est tout naturel qu'on juge sentir en soi, ce qu'on imagine devoir y être.

Faites remarquer à un homme qui se promène, tous les tours qu'il a faits dans un jardin; et demandez-lui pourquoi il a passé par une allée plutôt que par une autre. Il pourra fort bien vous répondre: *je sens que j'ai été libre de choisir, et que si j'ai préféré cette allée, c'est uniquement parce que je l'ai voulu.*

Il se peut cependant qu'il n'ait point fait en cela d'acte de liberté, et qu'il se soit laissé aller aussi nécessairement qu'un être qui seroit poussé par une force étrangère. Mais il a le sentiment de sa liberté, il l'étend à toutes ses actions; et comme il sent qu'il est souvent libre, il croit sentir qu'il l'est toujours.

Un manchot a le sentiment de la main qu'on lui a coupée; c'est à elle qu'il rapporte la douleur qu'il éprouve, et il diroit: *il m'est évident que j'ai encore ma main.* Mais le souvenir de l'opération qu'on lui a faite, prévient une erreur que la vue et le toucher détruiroient.

Parce que nous nous déguisons ce qui est en nous.

Enfin nous nous déguisons ce qui est en nous. On prend, par exemple, pour naturel ce qui est habitude, pour inné ce qui est acquis ; et un mallebranchiste ne doute pas que lorsqu'il est prêt à tomber d'un côté, son corps ne se rejette naturellement de l'autre. Est-il donc naturel à l'homme de marcher, et n'est-ce pas à force de tâtonnement que les enfans se font une habitude de tenir leur corps en équilibre ? Quoi qu'en dise Mallebranche, ce n'est pas la nature qui règle les mouvemens de notre corps, c'est l'habitude.

Il y a cependant des moyens pour s'assurer de l'évidence de sentiment.

De tous les moyens que nous avons pour acquérir des connoissances, il n'en est point qui ne puisse nous tromper. En métaphysique le sentiment nous égare ; en physique l'observation, en mathématique le calcul : mais comme il y a des lois pour bien calculer et pour bien observer, il y en a pour bien sentir, et pour bien juger de ce qu'on sent.

A la vérité, il ne faut pas se flatter de démêler toujours tout ce qui se passe en nous mais cette ignorance n'est pas une erreur. Nous y découvrirons même d'autant plus de choses, que nous éviterons plus soigneusement les deux autres inconvéniens. Car les préjugés, qui supposent en nous ce qui n'y est pas, ou qui déguisent ce qui y est, sont un obstacle aux découvertes, et une source d'erreurs. C'est par eux que nous jugeons de ce que nous ne voyons pas, et que, substituant ce que nous imaginons à ce qui est, nous nous formons des fantômes. Les préjugés nous aveuglent sur nous, comme sur tout ce qui nous environne.

Nous ne pourrons donc nous assurer de l'évidence de sentiment, qu'autant que nous serons sûrs de ne pas supposer en nous ce qui n'y est pas, et de ne pas nous déguiser ce qui y est; et si nous réussissons en cela, nous y découvrirons des choses dont auparavant nous n'aurions pas pu avoir le moindre soupçon; et nous voyant à peu près comme nous sommes, nous ne laisserons échapper que ce qui est tout-à-fait impossible à saisir.

Mais il n'arrivera jamais de supposer en soi ce qui n'y est pas, si on ne se déguise jamais ce qui y est. Nous ne donnons à nos actions des motifs qu'elles n'ont pas; que parce que nous voulons nous cacher ceux qui nous déterminent; et nous ne croyons avoir été libres dans le moment où nous n'avons fait aucun usage de notre liberté, que parce que notre situation ne nous a pas permis de remarquer le peu de part que notre choix avoit à nos mouvemens, et la force des causes qui nous entraînoient. Nous n'avons donc qu'à ne pas nous déguiser ce qui se passe en nous, et nous éviterons toutes les erreurs que le sentiment peut occasionner. Par conséquent, toutes les méprises où nous tombons, lorsque nous consultons le sentiment, viennent uniquement de ce que nous nous déguisons ce que nous sentons : car nous déguiser ce qui est en nous, c'est ne pas voir ce qui y est, et voir ce qui n'y est pas.

CHAPITRE V.

D'un préjugé qui ne permet pas de s'assurer de l'évidence de sentiment.

Il n'y a personne qui ne soit porté à juger qu'il a l'évidence de sentiment, toutes les fois qu'il parle d'après ce qu'il croit sentir. Ce préjugé est une source d'erreurs. Celui-là seul a l'évidence de sentiment, qui, sachant dépouiller l'ame de tout ce qu'elle a acquis, ne confond jamais l'habitude avec la nature. Ainsi on est fondé à refuser au plus grand nombre cette évidence, qui, au premier coup d'œil, paroît être le partage de tout le monde. Chacun sent qu'il existe, qu'il voit, qu'il entend, qu'il agit, et personne en cela ne se trompe. Mais quand il est question de la manière d'exister, de voir, d'entendre et d'agir, combien y en a-t-il qui sachent éviter l'erreur? Tous cependant en appellent au sentiment.

Pour s'assurer de l'évidence de sentiment, il faut apprendre à ne pas confondre l'habitude avec la nature.

L'ame acquiert ses facultés comme ses idées.

On a quelquefois remarqué l'étonnement d'un homme tout-à-fait ignorant, qui entend parler une langue étrangère; il sent qu'il parle la sienne si naturellement, qu'il croit sentir qu'elle est seule naturelle. Sur d'autres objets les philosophes se trompent tout aussi grossièrement. Nous voyons le corps commencer à se développer, et passer de l'âge de foiblesse à l'âge de force. Ici le sentiment ne peut pas nous tromper, et personne n'a osé avancer que le corps de l'homme n'est jamais dans l'enfance. C'est peut-être la seule absurdité que les philosophes ayent oublié de dire. Est-il donc moins absurde de penser que l'ame est née avec toutes ses idées, et avec toutes ses facultés? Ne suffit-il pas de s'observer pour voir qu'elle a ses commencemens dans le développement de ses facultés, et dans l'acquisition de ses idées? Disons plus, s'il y a de la différence, elle n'est pas à son avantage; car, il s'en faut bien qu'elle fasse les mêmes progrès que le corps. Mais, en général, nous sommes tous portés à croire que nous avons toujours senti comme nous sentons actuellement, et que la nature seule nous a fait ce que nous sommes. C'est ce préjugé qu'il faut détruire : tant qu'il subsistera, les témoignages du sentiment seront très-équivoques.

Or nous ne pouvons pas nous cacher que l'esprit acquiert la faculté de réfléchir, d'imaginer et de penser, comme le corps acquiert la faculté de se mouvoir avec adresse et agilité. Nous nous souvenons encore du temps où nous n'avions aucune idée de certains arts et de certaines sciences. L'éloquence, la poésie, et tous les prétendus dons de la nature, nous les devons aux circonstances et à l'étude. Le seul avantage qu'on apporte en naissant, c'est des organes mieux disposés. Celui dont les organes reçoivent des impressions plus vives et plus variées, et contractent plus facilement des habitudes, devient, suivant l'espèce de ses habitudes, poëte, orateur, philosophe, etc., tandis que les autres restent ce que la nature les a faits. N'écoutons point ceux qui répètent sans cesse : *on n'est que ce qu'on est né : on ne devient point poëte, on ne devient point orateur, etc.;* c'est la vanité qui parle d'après le préjugé.

Il est vrai, comme je l'ai prouvé ailleurs, (1) que la nature commence tout en nous, puisqu'en formant les organes de notre corps, elle a déterminé nos besoins et nos facultés. Nos premiers mouvemens sont donc l'effet de son impulsion, c'est elle qui les produit; mais ce n'est qu'en les répétant nous-mêmes que nous en contractons les habitudes, et par-là, ces habitudes que nous n'aurions point sans elle, deviennent notre ouvrage.

<small>Il faut juger des qualités que nous croyons avoir toujours eues, par celles que nous savons avoir acquises.</small> Il y a des qualités que nous ne doutons pas d'avoir acquises, parce que nous nous souvenons du temps où nous ne les avions pas. N'est-ce pas une raison de conjecturer qu'il n'en est point que nous n'ayons acquises ? Pourquoi l'âme acquerroit-elle dans un âge avancé, si elle n'avoit pas acquis dans un âge tendre ? Je suis aujourd'hui obligé d'étudier pour m'instruire, et dans l'enfance, j'étois instruit sans avoir étudié! Il est vrai que la mémoire ne conserve point de traces de ces premières

---

(1) La Logique.

études : mais le sentiment qui nous avertit aujourd'hui de celles que nous faisons, ne nous permet pas de douter de celles que nous avons faites.

Si nous n'avons aucun souvenir des premiers momens de notre vie, comment, dira-t-on, pourrons-nous nous mettre dans la situation de nous sentir précisément tels que nous avons été ? comment nous donnerons-nous le sentiment d'un état qui n'est plus, et que nous ne pouvons nous rappeler ?

Comment nous pouvons juger de ce que nous avons acquis dès les premiers momens de notre vie.

L'ignorance précipite toujours ses jugemens, et traite d'impossible tout ce qu'elle ne comprend pas. L'histoire de nos facultés et de nos idées paroît un roman tout-à-fait chimérique aux esprits qui manquent de pénétration : il seroit plus aisé de les réduire au silence que de les éclairer. Combien, en physique et en astronomie, de découvertes jugées impossibles par les ignorans d'autrefois ! Ceux d'aujourdhui, sans doute, seroient bien tentés de les nier ; ils ne disent rien cependant, et les plus adroits cachent leur défaut de lumière par un consentement tacite.

Il ne s'agit pas d'entreprendre l'histoire

des pensées de chaque individu ; car chacun a quelque chose de particulier dans sa manière de sentir ; soit parce qu'il y a toujours de la différence entre les organes de l'un à l'autre, soit parce qu'ils ne passent pas tous par les mêmes circonstances. Mais il y a aussi une organisation commune : tous ont des yeux, quoiqu'ils les aient différens ; tous ont des sensations de couleur, quoiqu'ils n'apperçoivent pas les mêmes nuances. Il y a aussi des circonstances générales : telles sont les circonstances qui apprennent à chaque individu à pourvoir à ses besoins par les mêmes moyens.

Nous pouvons donc nous représenter les effets de ce qu'il y a de commun dans l'organisation, et de général dans les circonstances ; et juger par-là de la génération de nos facultés, ainsi que de l'origine et des progrès de nos idées.

Le point essentiel est de bien discerner quelles sont les choses sur lesquelles le sentiment nous éclaire, et quel en est le degré de lumière. Car, s'il est vrai que nous sentons tout ce qui se passe en nous, il est également vrai que nous ne remarquons pas tout ce que nous sentons. L'habitude et la passion nous jettent continuellement dans l'illusion. Pour nous connoître, il faut d'abord nous observer dans ces circonstances générales, où les passions nous en imposent moins, et où nous pouvons plus aisément nous séparer de nos habitudes.

Il n'est pas possible d'interroger le sentiment sur ce qui nous est arrivé dans l'enfance. Mais si nous considérons ces circonstances générales qui ont été les mêmes dans tous les âges, ce que nous sentons aujourd'hui nous fera juger de ce que nous avons senti, et nous serons en droit de conclure de l'un à l'autre. Par ce moyen nous verrons, par exemple, évidemment que le besoin est le principe du développement des facultés. De-là il arrive qu'il y a telles circonstances où l'homme fait peu de progrès, tandis que dans d'autres il crée les arts, les sciences et les différens systèmes qui sont la base des sociétés. Mais ces choses vous ont déjà été suffisamment prouvées, je passe à d'autres exemples.

CHAPITRE VI.

Exemples propres à faire voir comment on peut s'assurer de l'évidence de sentiment.

JE vais vous proposer quelques questions à résoudre, et vous me direz ce que le sentiment vous répondra.

PREMIÈRE QUESTION.

Premier exemple. L'AME *se sent-elle indépendamment du corps ?* Remarquez bien que je ne vous demande pas si elle peut sentir sans le corps. Je vous ai dit et prouvé plus d'une fois que l'ame est une substance simple, et par conséquent, toute différente d'une substance étendue. Je vous ai fait remarquer qu'il n'y a aucun rapport entre les mouvemens qui se passent dans les organes et les sentimens que nous éprouvons. Nous en avons conclu que le corps n'agit pas par lui-même sur l'ame; il n'est pas la cause, proprement dite, de ses sensations, il n'en est que l'occasion, ou, comme on parle communément, la cause occasionnelle. Mais cette question est du ressort de l'évidence de raison, et il s'agit maintenant de l'évidence de sentiment. Je reviens donc à la première question, et je vais vous la présenter sous différentes faces. C'est une précaution nécessaire pour ne rien précipiter.

Une ame, qui n'a encore été unie à aucun corps, se sent-elle? En vain nous interrogeons le sentiment, il ne répond rien : nous ne nous sommes pas trouvés dans ce cas ni l'un ni l'autre, ou nous ne nous souvenons pas d'y avoir été, et c'est la même chose.

Votre ame unie actuellement à votre corps, se sent-elle? vous répondrez, *oui*, sans balancer : vous avez l'évidence.

Mais comment se sent-elle? comme si elle étoit répandue dans tout votre corps. Il est évident que vous sentez un objet que vous touchez, comme si votre ame étoit dans votre main; que vous sentez un objet que vous voyez, comme si votre ame étoit dans vos yeux; et qu'en un mot, toutes vos sensations paroissent être dans les organes, qui n'en sont que la cause occasionnelle.

Ce jugement est fondé sur l'évidence. Car si le sentiment peut tromper, lorsqu'on veut juger de la manière dont on sent, il ne peut plus tromper, lorsqu'on le consulte pour juger seulement de la manière dont on paroît sentir.

Le sentiment démontre donc que les parties du corps paroissent sensibles. Mais lorsqu'il s'agit de savoir, si en effet elles le sont, ou ne le sont pas, il ne démontre plus rien; parce que, dans l'un et l'autre cas, les apparences seroient les mêmes. Cette question n'est donc pas de celles qu'on peut résoudre par l'évidence de sentiment.

SECONDE QUESTION.

Second exemple. L'AME *pourroit-elle se sentir, sans rapporter ses sensations à son corps, sans avoir aucune idée de son corps ?*

Avant de répondre à cette question, il faut demander de quelles sensations on entend parler; car ce qui seroit vrai des unes, pourroit ne l'être pas des autres.

S'agit-il des sensations du toucher? Il est évident que sentir un corps, et sentir l'organe qui le touche, sont deux sentimens inséparables. Je ne sens ma plume, que parce que je sens la main qui la tient. En ce cas, les sensations de l'ame se rapportent au corps, et m'en donnent une idée.

S'agit-il des sensations de l'odorat? Ce n'est plus la même chose. Comme il est évident qu'avec ces seules sensations mon ame ne pourra pas ne pas se sentir, il l'est aussi qu'il ne lui seroit pas possible de se faire l'idée d'aucun corps. Bornez-vous, pour un moment, à l'organe de l'odorat; vous ferez-vous des idées de couleur, de son, d'étendue, d'espace, de figure, de solidité, de pesanteur, etc. Voilà cependant ce dont vous formez les idées que vous avez du corps. Quelles sont donc vos idées dans cette supposition? Vous sentez des odeurs quand votre organe est affecté, et dans ces odeurs vous avez le sentiment de vous-même. Votre organe ne reçoit-il point d'impression? Vous n'avez ni le sentiment des odeurs, ni celui de votre être. Par conséquent, ces odeurs ne se montrent à vous que comme différentes modifications de vous-même : vous ne voyez que vous dans chacune, et vous vous voyez modifié différemment. Vous vous croirez donc successivement toutes les odeurs, et vous ne pourrez pas vous croire autre chose. Cela est évident; mais cela ne l'est que dans la supposition que je fais, et dans laquelle il faut bien vous placer.

Je dis plus : c'est que même avec tous vos sens, vous pourriez concevoir assez vivement une idée abstraite, pour n'appercevoir que votre pensée. Votre corps pour ce moment vous échapperoit, l'idée ne s'en présenteroit point à vous; non parce qu'il cesseroit d'agir sur votre ame, mais parce que vous cesseriez vous-même de remarquer les impressions que vous en recevez.

Voilà ce qui a trompé les philosophes. Parce que fortement occupés d'une idée, ils oublient ce que leur ame doit à leur corps; ils se sont imaginés qu'elle ne lui doit rien, et ils ont pris pour innées des idées qui tirent leur origine des sens.

TROISIÈME QUESTION.

Voit-on *des distances, des grandeurs, des figures, et des situations dès le premier instant qu'on ouvre les yeux ?*

Il paroît qu'on les doit voir. Mais si cette apparence peut être produite de deux façons, le sentiment, d'après lequel on se hâte de juger, ne sera rien moins qu'évident. Que la vision se fasse uniquement en vertu de l'organisation, ou qu'elle se fasse en vertu des habitudes contractées, l'effet est le même pour nous. Il faut donc examiner si nous voyons des grandeurs, des distances, etc. parce que nous sommes organisés pour les voir naturellement, ou si nous avons appris à les voir.

Troisième exemple.

Il m'est évident que les sensations de couleurs ne sont, pour mon ame, que différentes manières de se sentir : ce ne sont que ses propres modifications. Que je me suppose donc borné à la vue : jugerai-je de ces modifications comme des odeurs, qu'elles ne sont qu'en moi-même ? ou les jugerai-je tout-à-coup hors de moi, sur des objets dont rien ne m'a encore appris l'existence ?

Si je n'avois que le sens du toucher, je conçois que je me ferois des idées de distances, de figures, etc. Il me suffiroit de rapporter, au bout de ma main et de mes doigts, les sensations qui se transmettroient jusqu'à moi ; mon ame alors s'étend, pour ainsi dire, le long de mes bras, se répand dans la main, et trouve dans cet organe la mesure des objets. Mais dans la supposition que j'ai faite, ce n'est pas la même chose. Mon ame n'ira pas le long des rayons chercher les objets éloignés. Il est donc d'abord certain, que rien ne peut encore la faire juger des distances.

Dès qu'elle ne juge pas des distances, elle ne juge pas des grandeurs, elle ne juge pas des figures. Mais il est inutile d'entrer dans de plus grands détails à ce sujet.

AUTRES QUESTIONS.

Quatrième exemple.

PERSONNE ne peut dire, *il m'est évident que je me suis senti, lorsque mon ame n'avoit encore reçu aucune sensation ;*

comme il peut dire il m'est évident que je me sens, actuellement que j'en reçois. On ne seroit pas plus fondé à dire ; *il m'est évident que je ne me sentois pas, lorsque mon corps n'avoit encore fait aucune impression sur mon ame*. L'évidence de sentiment ne sauroit remonter aussi haut. Mais dans la supposition où une ame ne se sentiroit que parce qu'elle auroit des sensations, on pourroit demander, quelles seroient ses facultés, si elle auroit des idées, si elles en auroit de toute espèce, comment elles les acquerroit, quel en seroit le progrès? Vous savez la réponse à toutes ces questions.

Il semble que l'évidence de sentiment est la plus sûre de toutes : car de quoi sera-t-on sûr si on ne l'est pas de ce qu'on sent? Cependant, Monseigneur, vous le voyez ; c'est cette évidence-là dont il est le plus difficile de s'assurer. Toujours portés à juger d'après les préjugés, nous confondons l'habitude avec la nature, et nous croyons avoir senti, dès les premiers instans, comme nous sentons aujourd'hui. Nous ne sommes qu'habitudes : mais parce que nous ne savons pas comment les habitudes se contractent, nous jugeons que la nature seule nous a faits ce que nous sommes.

Il faut vous garantir de ce préjugé, Monseigneur, et ne pas vous imaginer que la nature a tout fait pour vous, et qu'il ne vous reste rien à faire.

Si dans ce chapitre j'ai mis en question des choses que vous saviez déjà, c'est que, pour connoître comment on s'assure de l'évidence de sentiment, rien n'est plus simple que d'observer comment on a acquis des connoissances par cette voie.

CHAPITRE VII.

De l'évidence de fait.

Vous remarquez que vous éprouvez dif- Comment on connoît qu'il y a des corps. férentes impressions que vous ne produisez pas vous-même. Or tout effet suppose une cause. Il y a donc quelque chose qui agit sur vous.

Vous appercevez en vous des organes sur lesquels agissent des êtres qui vous environnent de toutes parts, et vous appercevez que vos sensations sont un effet de cette action sur vos organes. Vous ne sauriez douter que vous appercevez ces choses : le sentiment vous le démontre.

Or on nomme *corps* tous les êtres auxquels nous attribuons cette action.

Réfléchissez sur vous-même, vous reconnoîtrez que les corps ne viennent à votre connoissance, qu'autant qu'ils agissent sur vos sens. Ceux qui n'agissent point sur vous, sont à votre égard comme s'ils n'étoient pas. Vos organes mêmes ne se font connoître à vous, que parce qu'ils agissent mutuellement les uns sur les autres. Si vous étiez borné à la vue, vous vous sentiriez d'une certaine manière, et vous ne sauriez pas même que vous avez des yeux.

Mais comment connoissez-vous les corps? Comment connoissez-vous ceux dont vos organes sont formés, et ceux qui sont extérieurs à vos organes. Vous voyez des surfaces, vous les touchez : la même évidence de sentiment qui vous prouve que vous les voyez, que vous les touchez, vous prouve aussi que vous ne sauriez pénétrer plus avant. Vous ne connoissez donc pas le nature des corps, c'est-à-dire, que vous ne savez pas pourquoi ils vous paroissent tels qu'ils vous paroissent.

Cependant l'évidence de sentiment vous démontre l'existence de ces apparences; et l'évidence de raison vous démontre l'existence de quelque chose qui les produit. Car dire qu'il y a des apparences, c'est dire qu'il y a des effets; et dire qu'il y a des effets, c'est dire qu'il y a des causes.

J'appelle *fait* toutes les choses que nous appercevons, soit que ces choses existent telles qu'elles nous paroissent, soit qu'il n'y ait rien de semblable, et que nous n'appercevions que des apparences produites par des propriétés que nous ne connoissons pas. C'est un fait que les corps sont étendus, c'en est un autre qu'ils sont colorés; quoique nous ne sachions pas pourquoi ils nous paroissent étendus et colorés.

<small>Ce qu'on entend par un fait.</small>

L'évidence doit exclure toute sorte de doute. Donc l'évidence de fait ne sauroit avoir pour objet les propriétés absolues des corps : elle ne peut nous faire connoître ce qu'ils sont en eux-mêmes, puisque nous en ignorons tout-à-fait la nature.

Mais quels qu'ils soient en eux-mêmes, je ne saurois douter des rapports qu'ils ont à moi. C'est sur de pareils rapports que l'évidence de fait nous éclaire, et elle ne sauroit avoir d'autre objet. C'est une évidence de fait que le soleil se lève, qu'il se couche, et qu'il m'éclaire tout le temps qu'il est sur l'horison. Il faut donc vous souvenir que je ne parlerai que des propriétés relatives, toutes les fois que je dirai qu'une chose est évidente de fait. Mais il faut vous souvenir aussi que ces propriétés relatives prouvent des propriétés absolues, comme l'effet prouve la cause. L'évidence de fait suppose donc ces propriétés, bien loin de les exclure; et si elle n'en fait pas son objet, c'est qu'il nous est impossible de les connoître.

CHAPITRE VIII.

De l'objet de l'évidence de fait, et comment on doit la faire concourir avec l'évidence de raison.

L'ÉVIDENCE de fait, Monseigneur, fournit tous les matériaux de cette science qu'on nomme physique, et dont l'objet est de traiter des corps. Mais il ne suffit pas de recueillir des faits; il faut, autant qu'il est possible, les disposer dans un ordre qui, montrant le rapport des effets aux causes, forme un système d'une suite d'observations.

<small>L'évidence de fait et l'évidence de raison doivent concourir ensemble.</small>

Vous comprenez donc que l'évidence de fait doit toujours être accompagnée de l'évidence de raison. Celle-là donne les choses qui ont été observées, celle-ci fait voir par quelles lois elles naissent les unes des autres. Il seroit donc bien inutile d'entreprendre de considérer l'évidence de fait séparément de toute autre.

Mais quoiqu'assurés par l'évidence de fait, des choses que nous observons, nous ne le sommes pas toujours de n'avoir pas laissé échapper quelques considérations essentielles. Lors donc que nous tirons une conséquence d'une observation, l'évidence de raison a besoin d'être confirmée par de nouvelles observations. Toutes les conditions étant données, l'évidence de raison est certaine : mais c'est à l'évidence de fait à prouver que nous n'avons oublié aucune des conditions. C'est ainsi qu'elles doivent concourir l'une et l'autre à la formation d'un système. Il ne s'agit donc pas de considérer absolument l'évidence de fait toute seule; il faut que l'évidence de raison vienne à son secours, et qu'elle nous conduise dans nos observations.

Ce qu'on entend par phénomène. Il y a des faits qui ont pour cause immédiate la volonté d'un être intelligent; tel est le mouvement de votre bras. Il y en a d'autres qui sont l'effet immédiat des lois auxquelles les corps sont assujettis, et qui arrivent de la même manière toutes les fois que les circonstances sont les mêmes. C'est ainsi qu'un corps suspendu tombe, si vous coupez la corde qui le soutient. Tous les faits de cette espèce se nomment *phénomènes*, et les lois dont ils dépendent, se nomment *lois naturelles*. L'objet de la physique est de connoître ces phénomènes et ces lois.

Pour y parvenir, il faut donner une attention particulière à chaque chose, et comparer avec soin les faits et les circonstances : c'est ce qu'on entend par *observer*, et les phénomènes découverts s'appellent *observations*. {*Ce qu'on entend par observation.*}

Mais pour découvrir des phénomènes, il ne suffit pas toujours d'observer ; il faut encore employer des moyens propres à les rapprocher, à les dégager de tout ce qui les cache, à les mettre à portée de notre vue. C'est ce qu'on nomme des *expériences*. Il a fallu, par exemple, faire des expériences pour observer la pesanteur de l'air. Telle est la différence que vous devez mettre entre phénomène, observation, et expérience : mots qui sont assez souvent confondus. {*Ce qu'on entend par expérience.*}

C'est aux bons physiciens à nous apprendre comment on doit faire concourir {*Objet que je me propose dans la suite de cet ouvrage.*}

l'évidence de raison avec l'évidence de fait. Etudions-les. Mon dessein néanmoins n'est pas de vous présenter un cours de physique. Je veux seulement vous faire connoître comment on doit raisonner dans cette science, et vous mettre en état de l'approfondir, à proportion que des affaires plus importantes vous permettront de vous prêter à cette étude. Vous ne devez être, Monseigneur, ni physicien, ni géomètre, ni astronome, ni même métaphysicien, quoique votre précepteur le soit. Mais vous devez savoir raisonner, et vous le devez d'autant plus qu'un faux raisonnement, de la part d'un prince, peut faire sa perte et celle de son peuple.

D'ailleurs vous conviendrez qu'il seroit bien humiliant pour vous de n'être jamais à portée d'entendre les personnes instruites, de craindre leur abord, de n'admettre à votre cour que des sots, ou des demi-savans qui sont de tous les sots les plus importuns aux yeux d'un homme sensé. Voulez-vous n'avoir pas peur des gens d'esprit ? Acquérez des lumières : rendez-vous capable de dispenser ces marques de considération, qui ne sont flatteuses, même de la part d'un prince, que lorsqu'elles sont éclairées. Ayez l'ame assez grande ponr respecter la science et la vertu, quelque part qu'elles se trouvent réunies; et rougissez, si vous n'avez d'avantages que par votre naissance.

Dans le livre suivant nous raisonnerons sur les principes du mouvement, et nous essayerons de découvrir les premiers principes des mécaniques.

LIVRE SECOND.

Où l'on fait voir par des exemples comment l'évidence de fait et l'évidence de raison concourent à la découverte de la vérité.

CHAPITRE PREMIER.

Du mouvement et de la force qui le produit.

<small>Le mouvement est le premier phénomène.</small> Le mouvement, c'est-à-dire, le transport d'un corps, d'un lieu dans un autre, est le premier phénomène qui nous frappe; il est par-tout, il est toujours.

<small>Le lieu d'un corps est une partie de l'espace.</small> L'idée de lieu suppose un espace qui renferme l'univers, et le lieu de chaque corps est la partie qu'il occupe dans cet espace.

Nous ne pouvons pas observer le lieu absolu des corps; nous ne voyons que la situation où ils sont les uns à l'égard des autres, c'est-à-dire, que nous n'en voyons que le lieu relatif. *Nous ne connoissons que le lieu relatif.*

Il ne nous est pas possible de connoître le mouvement absolu. Immobiles dans ce cabinet, nous sommes dans le même lieu par rapport à la terre; mais nous passons continuellement d'un lieu absolu dans un autre, puisque nous sommes transportés avec la terre qui tourne sur son axe et autour du soleil. Imaginez-vous que la terre est un vaisseau dont cette chambre fait une partie; vous conclurez de cette considération, que tout ce que nous pouvons dire du mouvement et du repos, doit s'entendre du mouvement et du repos relatifs. *Nous ne connoissons que le mouvement relatif.*

Mais quoique nous ne connoissions ni le mouvement, ni le repos absolu, c'est autre chose d'être immobile sur la terre, et autre chose d'y être en mouvement. Or quelle est la cause de ces phénomènes? *La force qui est la cause du mouvement, ne nous est pas connue.*

Quand vous remuez un corps, quand vous changez vous-même de place, la cause de ce mouvement est accompagnée en vous d'un sentiment, qui vous fait remarquer quelque chose qui agit, et quelque chose qui résiste à l'action. Vous donnez à ce quelque chose qui agit le nom de *force*, et à ce qui résiste le nom *d'obstacle*. Dès-lors vous vous représentez l'idée de force comme relatif à l'idée d'obstacle, et vous ne concevez plus que la force fût nécessaire, s'il n'y avoit point de résistance à vaincre.

Cependant le sentiment ne vous apprend point quelle est cette cause qui produit votre mouvement : si vous y faites attention, vous reconnoîtrez que vous sentez plutôt le mouvement, que la cause qui le produit.

Or si vous ne savez pas ce qui produit en vous le mouvement, vous êtes bien loin de savoir ce qui le produit dans des corps auxquels vous ne sauriez attribuer rien de semblable à ce que vous sentez.

Dès le premier pas, nous sommes donc obligés de reconnoître notre ignorance. Nous sommes sûrs que le mouvement existe, qu'il a une cause, mais cette cause nous l'ignorons. Rien n'empêche néanmoins que nous ne lui donnions un nom : c'est pourquoi nous lui conserverons celui de *force*.

La vîtesse est la promptitude avec laquelle un corps se transporte successivement dans l'espace. Par-là, vous sentez que nous ne pouvons juger de la vîtesse que par l'espace parcouru dans un temps déterminé ; et vous jugerez la vîtesse de A, double de celle de B, si, pendant le même intervalle de temps, il parcourt un espace double.

La vîtesse est comme l'espace parcouru dans un temps donné.

Vous n'aurez donc des idées exactes de la vîtesse, qu'autant que vous en aurez de l'espace et du temps. Mais qu'est-ce que le temps et l'espace ? Ce sont deux choses, Monseigneur, sur lesquelles les philosophes ont dit bien des absurdités.

Il n'est pas douteux que nous n'ayons par les sens l'idée de l'étendue des corps, c'est-à-dire, d'une étendue colorée, palpable, etc. Il n'est pas douteux encore que nous ne puissions, par une abstraction, séparer de cette étendue toutes les qualités visibles, tactiles, etc. ; il nous reste donc

Mais nous ne connoissons ni la nature de l'espace.

l'idée d'une étendue toute différente de celle des corps : c'est ce qu'on nomme *espace*.

Les qualités tactiles que nous sentons dans les corps, nous les représentent comme impénétrables, c'est-à-dire, comme ne pouvant pas occuper un même lieu, comme étant nécessairement les uns hors des autres. En retranchant ces qualités par une abstraction, il nous reste un espace pénétrable, dans lequel les corps paroissent se mouvoir.

Mais de ce que nous nous formons l'idée de cet espace, ce n'est pas une preuve qu'il existe; car rien ne peut nous assurer que les choses soient hors de nous telles que nous les imaginons par abstraction.

Cependant le mouvement tel que nous le concevons, est démontré impossible, si tout est plein. Comment donc nous tirer de ces difficultés? En avouant notre ignorance, Monseigneur, en avouant que nous ne connoissons ni le vide ni le plein. En effet, comment en aurions-nous une idée exacte? Nous ne saurions dire ce que c'est que l'étendue.

Nous n'en savons pas davantage sur le temps. Nous ne jugeons de la durée que par la succession de nos idées. Mais cette succession n'a rien de fixe. Si, transportant cette succession hors de nous, nous l'attribuons à tous les êtres qui existent, nous ne savons pas ce que nous leur attribuons. Nous nous représentons cependant une éternité qui n'a ni commencement ni fin : Mais les parties de cette durée ne sont-elles que des instans indivisibles? Comment donc forment-elles une durée? Et si elles durent, comment durent-elles, elles-mêmes? Tout cela est incompréhensible. Nous ne saurions faire de la durée et de l'étendue qu'avec de la durée et de l'étendue; c'est-à-dire, que nous n'en saurions faire.

Ni celle du temps.

Comme en séparant de l'étendue toutes les qualités sensibles, on se fait l'idée de l'espace; en conservant à l'étendue l'impénétrabilité, on se fait l'idée de la matière, c'est-à-dire, de quelque chose d'uniforme dont tous les corps sont composés. Ce n'est encore là qu'une idée abstraite et nous n'en savons pas mieux ce que c'est que la matière.

Ni celle de la matière.

Il ne faut donc considérer ces choses que par les rapports qu'elles ont entre elles et avec nous.

Etendue, matière, corps, espace, temps, force, mouvement, vitesse, sont autant de choses dont la nature nous est tout-à-fait cachée. Nous ne les connoissons que comme ayant des rapports entr'elles et avec nous. C'est de la sorte qu'il les faut considérer, si nous voulons conserver l'évidence dans nos raisonnemens.

Les philosophes ont été de tout temps sujets à réaliser leurs abstractions; c'est à-dire, à supposer, sans fondement, que les choses ressemblent exactement aux idées qu'ils s'en font. C'est ainsi, par exemple, que transportant au dehors cette force et cette résistance que nous sentons, ils ont cru se faire une idée de ce qui est dans les corps; et en raisonnant sur cette force, ils ont cru raisonner sur une idée exacte. De là sont nées des disputes de mot et des absurdités sans nombre. Je ne vous arrêterai point sur toutes ces erreurs: nous avons des études, dont il est plus important de nous occuper.

CHAPITRE II.

Observations sur le mouvement.

1°. Un corps persévère dans son état de repos, à moins que quelque cause ne l'oblige à changer de lieu, c'est-à-dire, à avoir d'autres relations avec les corps environnans, à en être plus ou moins distant: car le lieu ne doit être considéré que sous ce rapport, et jamais absolument.

C'est là un fait dont nous ne pouvons pas douter : car nous voyons qu'un corps en repos n'est mis en mouvement, qu'autant qu'une cause étrangère agit sur lui : il faut s'arrêter là. Les philosophes vous diront qu'il est de la nature d'un corps en repos de rester en repos, et qu'il y a en lui une force par laquelle il résiste au mouvement : ils le diront, parce qu'ils sentent l'effort qu'il sont obligés de faire toutes les fois qu'ils veulent transporter quelque chose. Mais quelle idée faut-il se faire de cette nature et de cette force résistante? c'est à quoi ils n'ont rien à répondre.

Un corps mu persévère à se mouvoir uniformément et en ligne droite.

2°. Un corps mu persévère à se mouvoir uniformément et en ligne droite. C'est encore un fait prouvé par l'expérience, car le mouvement ne change de direction, n'est accéléré, retardé ou anéanti, que lorsque de nouvelles causes agissent sur le corps mu. Les philosophes, qui rendent raison de tout, ne manqueront pas de vous dire : que comme il y a dans le corps en repos, une force par laquelle il résiste au mouvement, il y a dans le corps en mouvement, une force par laquelle il résiste au repos.

Nous ne connoissons pas la cause de ces phénomènes.

Cette force par laquelle un corps persévère, selon eux, dans son état de repos ou de mouvement, ils l'appellent *force d'inertie;* et dès qu'ils lui ont donné un nom, ils croient en avoir une idée. Voyons s'il seroit possible de mieux concevoir la chose.

Quoique j'ignore la nature du mouvement, je ne puis douter que le mouvement ne soit autre chose que le repos. Pour mouvoir il faut donc produire un effet. Or tout effet demande une cause, et quoique cette cause soit d'une nature dont je n'ai point d'idée, je puis lui donner le nom de *force* ; il suffit pour cela que je sois assuré de son existence.

Si donc une force est nécessaire pour mouvoir un corps, ce n'est pas qu'il y ait dans ce corps une force qui résiste, mais c'est que le mouvement est un effet à produire.

D'ailleurs qu'est-ce que cette force d'inertie qui résisteroit au mouvement ? Est-elle moindre que la force motrice, ou lui est-elle égale ? Si elle est moindre, la quantité par laquelle la force motrice lui est supérieure, est une force qui ne trouve point de résistance. Si elle lui est égale, nous ne concevons plus qu'un corps puisse être mu ; car deux forces opposées ne sauroient rien produire, qu'autant que l'une surpasse l'autre ; et dans les cas d'égalité, il y auroit nécessairement équilibre.

Pour rendre le repos à un corps en mouvement, c'est un effet à détruire ; et si ce corps persévère dans son mouvement, ce n'est pas par une force d'inertie, c'est par une force motrice qui lui a été communiquée. Aussi voyons-nous que le mouvement n'est retardé ou anéanti, que lorsqu'un corps rencontre des obstacles. Si les forces qui agissent dans des directions opposées, sont égales. il n'y a plus de mouvement; si la première force communiquée continue d'être supérieure, le mouvement ne cesse pas, il se fait seulement avec moins de vîtesse.

Nous ne savons pas comment agit ce qu'on nomme force motrice.

On demande si la force motrice est instantanée, et n'agit qu'au premier instant, ou si son action est continuée et se répète à chaque instant. C'est une question à laquelle nous ne saurions répondre. Si la force n'agit qu'au premier instant, pourquoi le corps se meut-il encore le second, le troisième, etc.? Nous ne concevons point de liaison entre le mouvement du second instant, du troisième, etc., et la force qui n'agit qu'au premier. Il semble, au contraire, qu'à chaque instant le corps est comme s'il commençoit à se mouvoir, et que ce qui lui arrive dans un instant quelconque, ne dépend point de ce qui lui est arrivé dans les précédens, et n'influe point sur ce qui lui arrivera dans les autres.

L'action de la force se répète-t-elle donc à chaque instant ? Mais si elle a besoin de se répéter dans le second, qu'a-t-elle donc produit dans le premier ? N'a-t-elle pas mu le corps ? Elle se répétera dans le second, dans le troisième, et dans tous, pendant une éternité, que le corps n'en sera pas mu davantage. L'a-telle mu ? Elle lui a donc fait parcourir un espace. Mais un espace ne peut être parcouru qu'en plusieurs instans ce qui est contraire à la supposition que la force qui a mu un corps dans le premier instant, a besoin d'être répétée pour le mouvoir dans les suivans. Nous ne saurions sortir de cette difficulté. Si la force est instantanée, nous ne concevons pas que le mouvement puisse durer au-delà d'un instant : et s'il faut qu'elle se répète, nous tombons en contradiction : nous supposons qu'au premier instant un corps a parcouru un espace, et cependant un espace ne peut être parcouru qu'en plusieurs instans.

Laissons donc toutes ces questions, et bornons-nous à dire : il y a du mouvement et une force, c'est-à-dire, une cause qui le produit, mais dont nous n'avons point d'idée.

Ce commencement, Monseigneur, ne vous promet pas de grands succès : vous voyez toute notre ignorance, et vous avez de la peine à comprendre que nous puissions jamais savoir quelque chose. Vous en admirerez davantage l'édifice qui va s'élever à vos yeux.

Ce n'est pas seulement pour vous étonner que je vous ai montré combien nous sommes ignorans ; c'est que je veux vous conduire à des connoissances par la voie la plus courte et la plus sûre. Or rien n'étoit plus propre à ce dessein, que d'écarter toutes les fausses idées qu'on se fait sur le corps, la matière, l'espace, le temps, le mouvement, la force, etc.

CHAPITRE III.

Des choses qui sont à considérer dans un corps en mouvement.

Il y a trois choses à considérer dans un corps en mouvement, la force, la quantité de matière et la vîtesse. Voyons comment nous en pouvons juger : mais souvenez-vous que nous n'avons point d'idée absolue de ces choses, et que nous n'en jugerons jamais, qu'en comparant un corps avec un autre. <small>Comment nous jugeons de la quantité de force.</small>

Toute cause est égale à son effet. La plus légère réflexion sur les idées de cause et d'effet nous convaincra de cette vérité. Si vous supposiez l'effet plus grand, ce qui, dans l'effet, excéderoit la cause, seroit un effet sans cause ; si vous supposiez la cause plus grande, ce qui, dans la cause, excéderoit l'effet, seroit une cause sans effet : ce ne seroit donc plus une cause.

Or, dire que la cause est égale à son

effet, c'est dire, en d'autres termes, que la force est égale au mouvement.

Mais mouvoir un corps ou mouvoir toutes ses parties à la fois, c'est la même chose. La force qui meut, se distribue donc dans toutes les parties, et se multiplie comme elles.

Si A, double de B en masse, c'est-à-dire, en quantité de matière, parcourt le même espace dans le même temps, il aura donc une force double de celle de B.

Mais si l'effet n'est pas le même, lorsque des corps inégaux en masse parcourent des espaces semblables dans le même temps, il n'est pas le même non plus, lorsqu'étant égaux en masse, ils parcourent dans le même temps des espaces différens.

Si dans une seconde A égal à B en masse est transporté à quatre toises, tandis que B ne l'est qu'à deux, l'effet est double en A. Il y a donc une force double.

Nous pouvons donc juger de la force par la masse et par l'espace parcouru dans un temps donné. Si la masse et l'espace parcouru sont doubles l'un et l'autre, la force sera quadruple, car il faut une double force pour la masse, et une double force pour l'espace.

Le mouvement par lequel un corps parcourt un certain espace dans un certain temps, est ce qu'on nomme sa vîtesse. Si la masse et la vîtesse sont doubles l'une et l'autre, la force sera quadruple. Cette proposition est la même que la précédente.

Nous la rendrons encore en d'autres termes, en disant que la force est le produit de la masse multipliée par la vîtesse.

La vîtesse est plus grande suivant l'espace parcouru dans un temps donné. Si dans une seconde, A se transporte à 4 toises, et B seulement à 2, il a une vîtesse double. *Comment nous jugeons de la vîtesse.*

La vîtesse étant la même, l'espace parcouru sera plus grand suivant le temps que le corps sera en mouvement. Dans ce cas A, mu pendant deux secondes, parcourt un espace double de celui de B, qui n'est mu que pendant une seconde.

Si A, avec une vîtesse double, est mu dans un temps double, l'espace parcouru sera quadruple. *Rapport qui est entre les espaces parcourus par deux corps.*

Les espaces parcourus sont donc entre eux comme les produits du temps par la vîtesse : c'est ce qu'on exprime encore en disant qu'ils sont en raison composée du temps par la vîtesse.

Dès que vous savez le rapport de l'espace avec la vîtesse et le temps, il vous suffira de connoître l'espace et la vîtesse pour découvrir le temps, ou de connoître l'espace et le temps pour découvrir la vîtesse. Soit, par exemple, l'espace 12, la vîtesse 4 : vous divisez 12 par 4, et le temps sera 3.

CHAPITRE IV.

De la pesanteur.

Si vous cessez de soutenir un corps que vous avez à la main, il tombe, et vous pouvez remarquer ce phénomène dans tous les corps qui sont près de la terre. Tous descendent, si aucun obstacle ne les arrête. Or, cette direction est ce qu'on nomme *pesanteur*. Cet effet a pour cause une force que nous ne connoissons pas, et à laquelle nous donnons le nom *d'attraction*, parce que nous supposons qu'un corps ne descend, que parce qu'il est attiré vers le centre de la terre. *(Attraction, cause inconnue de la pesanteur.)*

Nous entendons par *poids* la quantité de force avec laquelle un corps descend. *(Ce qu'on entend par poids.)*

Le poids total d'un corps n'est que la réunion des poids de toutes les particules qui le composent. Ces particules réunies ou séparées, ont chacune le même poids; et ce corps ne peut descendre que comme elles descendoient chacune séparément.

<small>Les poids sont comme les masses.</small>

Donc les poids de deux corps sont entr'eux comme leurs masses, c'est-à-dire, en raison de la quantité de matière qu'ils contiennent.

<small>Les corps devroient donc tomber avec la même vitesse.</small>

De là il s'ensuit que tous les corps tomberoient avec la même vitesse, s'ils ne trouvoient point de résistance; et l'expérience le prouve. Dans la machine du vide une pièce d'or et une plume arrivent en bas au même instant. Qu'on laisse entrer l'air dans le cylindre, la plume descend plus lentement, parce qu'elle trouve plus de résistance.

<small>Mais la résistance de l'air met de la différence dans la vitesse de leur chûte.</small>

La pesanteur de l'air est la cause de ce phénomène; car l'air étant pesant, comme on vous le prouvera, vous comprenez que la plume ne peut descendre qu'autant qu'elle chasse l'air qui est au-dessous, et qu'elle le fait monter tout autour d'elle.

Or, un corps qui tombe, doit chasser plus d'air à proportion qu'il a un plus gros volume; c'est-à-dire, à proportion qu'il occupe un plus grand espace.

La plume a donc une plus grande résistance à vaincre qu'une pièce d'or. Elle doit donc tomber plus lentement.

L'attraction que vous regarderez tou- *Comment agit l'attraction qu'on observe dans toutes les parties de la matière.*
jours comme la cause inconnue de la pe-
santeur, s'observe dans toutes les particules
de la matière. Pourquoi, par exemple, une
goutte d'eau est-elle sphérique? C'est que
toutes les parties s'attirant également et
mutuellement, il faut nécessairement
qu'elles s'arrangent dans l'ordre où elles
sont, à la moindre distance les unes des
autres. Or cela ne peut arriver qu'autant
que tous les points de la superficie se pla-
çant à la même distance d'un centre,
tendent tous vers ce centre commun.

Vous remarquerez sensiblement cette
attraction, si vous approchez deux gouttes
d'eau l'une de l'autre; car à peine elles se
toucheront, qu'elles n'en formeront qu'une.

Vous observerez la même chose dans les
gouttes des métaux en fusion, et vous conclurez de là que toutes leurs parties s'attirent mutuellement.

Si ces gouttes s'applatissent, lorsqu'elles
touchent une surface plane, c'est un effet
de l'attraction de cette surface.

Représentez-vous la terre et les planètes,
comme autant de gouttes d'eau, et vous

comprendrez comment tous les corps dont elles sont formées, et tous ceux qui sont à une certaine distance de leur superficie, gravitent vers un même centre. Vous conjecturerez que si deux gouttes d'eau ont besoin de se toucher pour s'attirer, les planètes ayant une masse infiniment plus grande, doivent s'attirer à une plus grande distance.

Vous reconnoîtrez donc, dans tous les corps, une attraction réciproque, comme vous la connoissez dans toutes les parties d'un seul. Ainsi vous jugerez que tous les corps et corpuscules répandus dans l'univers gravitent les uns vers les autres : et c'est là ce qu'on nomme *gravitation universelle*.

Si vous n'appercevez pas toujours cette attraction entre tous les corps qui sont sur la surface de la terre, c'est que la terre ayant infiniment plus de matière, les attire avec tant de force, que leur tendance réciproque devient insensible.

Il y a des philosophes qui rejettent cette attraction : ce sont les cartésiens. La raison sur laquelle ils se fondent, est qu'on ne sauroit s'en faire une idée. Ils tâchent donc d'expliquer les phénomènes par l'impulsion, et ils ne s'apperçoivent pas que l'impulsion est une cause tout aussi inconnue. Les newtoniens, au contraire, ne rejettent pas absolument l'impulsion : ils disent seulement qu'ils ne comprennent pas comment elle produiroit les phénomènes. Mais il n'est pas nécessaire d'entrer dans cette dispute : il vous suffira de remarquer les observations qu'on a faites, et de juger si elles concourent toutes à prouver l'attraction.

CHAPITRE V.

De l'accélération du mouvement dans la chûte des corps.

<small>Espace parcouru dans la première seconde.
Fig. 8.</small>

ON observe qu'un corps qui tombe, parcourt une perche anglaise, ou environ quinze pieds de France, dans la première seconde : il tombe, par exemple, de A en B.

<small>Supposition à ce sujet.</small>

Or si, considérant la force qui le fait descendre de A en B, comme une impulsion qui lui a été donnée au commencement de sa chûte, nous supposons qu'il ne reçoive point d'autre implusion; il continuera, de seconde en seconde, à descendre par les espaces égaux B c, c d, d E, E f, etc., et les espaces parcourus seront en même nombre que les secondes.

Mais ce n'est pas ainsi qu'il descend, et on voit que sa chûte s'accélère de seconde en seconde. Nous nous sommes donc trompés lorsque nous avons supposé qu'il ne reçoit point de nouvelle impulsion.

En effet, si en A, la pesanteur qui fait <small>Autre supposition.</small> tomber le corps en B, peut être considérée comme une première impulsion, elle doit être considérée en B, comme une seconde impulsion, puisqu'elle continue d'être en B la même pesanteur qu'en A. Nous jugerons donc qu'en B le corps reçoit une seconde impulsion égale à la première. Or, deux impulsions égales doivent lui faire parcourir un espace double. Il tombera donc de B en d, dans le même temps qu'il est tombé de A en B; et s'il ne recevoit plus de nouvelles impulsions, il continueroit à parcourir, de seconde en seconde, des espaces, tels que d f, f h, égaux à B d.

Mais comme en B, au commencement du second temps, il a reçu une seconde impulsion, il en reçoit une troisième en d, où commence le troisième temps. Il parcourra donc un espace égal à trois fois A B : il descendra dans la troisième seconde de d en g : et les espaces parcourus de seconde en seconde seront comme les nombres 1, 2, 3, 4, etc.

Ce seroit là un mouvement uniformément accéléré; et comme nous sommes portés à croire que tout se fait uniformément, nous serions tentés de supposer que c'est ainsi que le mouvement s'accélère dans la chûte des corps. Mais ce seroit encore une méprise, et l'observation, qui doit être notre unique règle, nous fait voir que l'accélération augmente suivant une autre proportion : car le corps tombe en trois secondes de A en K, quoique suivant notre supposition, il ne dût tomber qu'en g.

fig. 1.

Nous avons supposé que le corps étant parvenu au point B, la pesanteur lui donne une seconde impulsion, égale à celle qu'elle lui a donné au point A : et nous avons conclu qu'il tombe de B en d, dans le même temps qu'il est tombé de A en B.

Comment la pesanteur agit,

C'étoit supposer que la pesanteur n'agit que par intervalles, et seulement au commencement de chaque seconde; mais cette supposition est fausse. Puisque le corps ne cesse pas d'être pesant, la pesanteur ne cese pas d'agir. Elle a donc une action qui continue, ou qui se répète sans intervalle, dans chaque partie de chaque seconde, et qui, par conséquent, accélère le mouvement à chaque instant. Le corps, au commencement de sa chûte, n'a donc pas une impulsion pour tomber en B en une seconde : il reçoit cette impulsion partie par partie et successivement ; et il tombe de A en B par un mouvement accéléré.

Dernière supposition.

Mais parce que nous ne saurions nous représenter la loi de cette accélération dans un temps aussi court, nous considérons la pesanteur comme si elle n'agissoit qu'au commencement de la chûte, et nous supposons que l'impulsion qui fait tomber le corps de A en B, a été donnée tout-à-la fois.

De même, nous supposons que lorsque le corps commence à tomber du point B, il reçoit tout-à la fois une seconde impulsion égale à la première ; et parce que ces deux impulsions ne suffisent pas pour le faire tomber aussi bas que l'observation le démontre, il ne reste plus qu'à supposer qu'il reçoit encore, en tombant, une troisième impulsion égale à chacune des deux autres.

Or, comme une première impulsion a fait parcourir l'espace A B dans le premier temps, trois impulsions égales chacune à la première, doivent, dans le second temps,

Dans quelle proportion croît la force imprimée par la pesanteur.
Fig. 8.

faire parcourir un espace trois fois aussi grand que A B. Le corps descendra donc en E.

Mais puisqu'il a reçu deux nouvelles impulsions dans le second temps, je puis supposer qu'il en recevra encore deux nouvelles dans le troisième. Il sera donc mu par cinq impulsions, et tombera en K.

Enfin, je puis supposer que le nombre des impulsions augmente de deux dans chaque temps, et qu'elles sont de seconde en seconde comme les nombres 1, 3, 5, 7, 9, etc. les espaces parcourus suivront donc la même proportion. C'est ce que l'observation confirme. Elle s'accorde, par conséquent, avec les suppositions que nous venons de faire.

<small>Usage des suppositions dans la recherche de la vérité.</small> C'est pour aider notre imagination ; que nous distinguons les impulsions, et que nous nous les réprésentons croissant en nombre dans la proportion 1, 3, 5, 7, 9, etc. Cependant comme la première impulsion a été reçue successivement, pendant que le corps descendoit de A en B, c'est aussi successivement que surviennent les deux nouvelles impulsions, qui se joignent à la

première. Mais enfin, quand le corps est en E, la force des impulsions qu'il a reçues est égale à la force des trois impulsions que nous avons supposées, et il importe peu au fond qu'elles lui ayent été données chacune par degrés et successivement, ou qu'elles lui ayent été données seulement à trois reprises, et chacune en une fois.

C'est encore pour aider notre imagination, que je considère l'action de la pesanteur comme une impulsion plutôt que comme une attraction : car l'idée d'une force qui pousse, nous est plus familière que l'idée d'une force qui attire.

Mais la manière dont nous venons de raisonner sur l'accélération du mouvement dans la chûte des corps, n'est, à dire le vrai, qu'un tâtonnement. Nous avons fait une supposition, et nous nous sommes trompés : nous en avons fait une seconde pour corriger la première, et nous en avons fait jusqu'à ce qu'elles se soient trouvées d'accord avec l'observation.

Voilà un exemple de la conduite que nous sommes souvent condamnés à tenir dans l'étude de la nature. Comme nous ne pouvons pas toujours observer, dès la première fois, avec précision, et que nous sommes encore moins en état de deviner, nous allons de suppositions en erreurs, et d'erreurs en suppositions, jusqu'à ce qu'enfin nous ayons trouvé ce que nous cherchons.

C'est ainsi, en général, que les découvertes se sont faites. Il a fallu faire des suppositions, il en a fallu faire de fausses; et ces sortes d'erreurs étoient utiles, parce qu'en indiquant les observations qui restoient à faire, elles conduisoient à la vérité.

Mais quand une vérité est trouvée, ce ne sont pas les suppositions qui la prouvent, c'est leur accord avec l'observation, ou plutôt c'est l'observation seule. Si les phénomènes ne démontroient pas la loi qui suit l'accélération dans la chûte des corps, il y auroit peu de certitude dans les conséquences que nous tirerions d'un principe aussi peu connu que la pesanteur.

Loi de l'accélération du mouvement dans la chûte des corps.

Il est donc démontré, par l'observation plus que par nos raisonnemens, que le mouvement d'un corps qui tombe est accéléré, de manière que les espaces décrits, dans des temps égaux, sont comme les nombres 1, 3, 5, 7, etc. (1)

Cette loi étant connue, vous voyez qu'il y a un rapport entre les temps et les espaces parcourus, et vous remarquerez facilement que la somme des espaces est égale au carré des temps, c'est-à-dire, au nombre des temps multiplié par lui-même. Un corps, par exemple, qui tombe pendant quatre secondes, parcourt 16 perches ; car 16 est le carré de 4, ou le produit de 4 multiplié par lui-même. *La somme des espaces est égale au carré des temps.*

Vous remarquerez encore qu'un corps étant jeté en haut, la pesanteur doit en retarder le mouvement, dans la même proportion qu'elle accélère celui d'un corps qui tombe. Si dans la première seconde, le corps qui s'élève parcourt 7 perches, dans la seconde il en parcourra 5, 3 dans la troisième, et une dans la quatrième. Dans *Comment on peut connoître à quelle hauteur un projectile s'est élevé.*

───────────────

(1) On démontre cette vérité par la théorie de Galilée, et par d'autres méthodes encore moins à la portée du commun des lecteurs. Comme je n'ai besoin que du fait, je me suis contenté de la rendre sensible par des suppositions.

le même intervalle de temps, il perd en s'élevant, la même quantité de force qu'il auroit acquise en tombant.

Par-là, vous pouvez connoître à quelle hauteur un projectile, comme une bombe, s'est élevé. Il n'y a qu'à observer le nombre des secondes écoulées depuis le moment où l'on met le feu au mortier, à celui où la bombe tombe : la moitié de ce nombre sera le temps de la chûte. Or, nous avons vu que le carré du temps est égal au nombre des perches : si ce temps est 10, la bombe se sera donc élevée à 100 perches.

CHAPITRE VI.

De la Balance.

Soit la ligne A B, sur laquelle nous marquons, de chaque côté, plusieurs points à égale distance du centre. Si cette ligne se meut sur son centre, les points décriront des arcs, qui seront entr'eux comme les distances. Ces arcs sont les espaces parcourus en même temps par tous les points.

<small>Fig. 9. Lorsqu'un fléau se meut sur son centre, les vîtesses de chaque point sont entre elles comme les distances au centre.</small>

Or nous avons vu que les espaces parcourus, sont le produit du temps par la vîtesse. Le temps étant le même pour tous les points, les vîtesses sont donc entr'elles comme les espaces, et, par conséquent, comme les distances au centre.

Suspendons des corps à ces points. Vous savez que la force est le produit de la masse par la vîtesse, et vous venez de voir que les vîtesses sont ici comme les distances. La force, par laquelle chacun de ces corps

<small>La force des corps suspendus à ces points est comme le produit de la masse par la distance.</small>

tendra en bas, sera donc comme le produit de sa masse par sa distance.

*Fig 10.
Cas où il y a équilibre.*

Supposons deux corps égaux en masse à égale distance chacun, par exemple, au point marqué 10; il agiront l'un sur l'autre avec la même force. A fera sur B le même effort pour le faire monter, que B fera sur A. Par conséquent, ils ne monteront, ils ne descendront ni l'un ni l'autre. C'est le cas de l'équilibre.

Si, réduisant A à la moitié de sa masse, nous le plaçons à une double distance au point 6, par exemple, tandis que B est au point 3, il regagnera en force, par l'augmentation de la distance, ce qu'il a perdu par la diminution de sa masse. L'équilibre aura donc encore lieu.

Les corps ainsi suspendus se nomment des poids. Les poids sont donc en équilibre, lorsqu'étant égaux, ils sont à égale distance du centre; ou lorsqu'étant inégaux la masse du plus grand est à la masse du plus petit, comme la distance du plus petit est à la distance du plus grand. Il n'y aura équilibre entre B, dont la masse est 6, et A, dont la masse est 3, que lorsque la distance de B sera 3, et celle de A sera 6.

De-là, il s'ensuit que dans le cas d'équi- *Cas où l'équilibre cesse.* libre, le produit des poids par la distance est le même de part et d'autre ; et que l'équilibre est détruit lorsque les produits sont différens. Le produit est le même, soit qu'on multiplie 3 de masse par la distance 6, ou 6 de masse par la distance 3, et A et B sont en équilibre. Mais si on changeoit la distance de l'un des deux, les produits ne seroient plus les mêmes, et l'équilibre cesseroit.

Vous voyez donc que les forces sont entr'elles comme les produits. Si A, poids de 4 livres, est à la quatrième division, il aura une force égale à celle de B, poids de 16 livres, que je suspends à la première ; parce que 1 multiplié par 16 est égal à 16, comme 4 multiplié par 4 est égal à 16. Si nous rapprochons A à la seconde division, sa force sera à celle de B comme 8 à 16, parce que 2 multiplié par 4, est égal à 8. Il n'y aura donc plus d'équilibre.

Vous comprenez par-là comment plu- *Plusieurs corps en équilibre avec un seul.* sieurs poids peuvent être en équilibre avec un seul. Que A de 2 livres soit à 3 de distance, B de 4 à 5, C de 3 à 6, nous avons,

2 multiplié par 3 égal à .. 6
4 multiplié par 5 égal à .. 20
3 multiplié par 6 égal à .. 18

Produit 44

Tous ces corps seront en équilibre avec un poids de 44 livres, placé à la première division.

<small>La force d'un poids est en raison composée du poids par la distance.</small> Cette ligne ainsi divisée représente une balance. La force d'un poids, suspendu à une balance, est donc comme le produit du poids par la distance. C'est ce qu'on exprime encore autrement en disant que la force est en raison composée du poids par la distance.

<small>Deux corps en équilibre pèsent sur le même centre de gravité.</small> Une conséquence de toutes ces observations, c'est que deux corps en équilibre pèsent l'un et l'autre sur le même centre de gravité; et que, par conséquent, ils ne peuvent descendre qu'autant que ce centre descend.

<small>Toutes les parties d'une boule sont en équilibre autour du même centre.</small> Vous concevez par là pourquoi une boule placée sur un plan horisontal, reste immo-

bile, quoiqu'elle ne porte que sur un point. C'est que le centre de gravité autour duquel toutes les parties sont en équilibre, est soutenu par ce plan.

S'il n'y avoit pas équilibre, la boule tourneroit jusqu'à ce que le centre de gravité fût aussi bas qu'il est possible.

De-là vous conclurez qu'un corps est soutenu par le point qui soutient son centre de gravité; et vous vous représenterez comme réunie dans ce centre, toute la force avec laquelle il tend vers la terre. *Tout le poids d'un corps est comme réuni dans son centre de gravité.*

La direction du centre de gravité est verticale, c'est-à-dire, qu'elle tombe perpendiculairement sur l'horison, et qu'elle va se terminer au centre de gravité de la terre. *Direction du centre de gravité.*

Si vous placez un corps sur un plan incliné, vous concevez qu'il tombe parce que l'obstacle que fait le plan, n'agit pas dans une direction contraire à la direction du centre de gravité. Il n'agit qu'obliquement, et par conséquent, il ne peut que retarder la chûte. *Fig. 11. Chûte d'un corps le long d'un plan incliné.*

Lorsqu'un corps est posé sur un plan incliné, ou la direction du centre de gravité *Fig. 11.*

passe par sa base, ou elle passe hors de sa base. Dans le premier cas il glissera, dans le second il roulera.

Différence entre le centre de gravité et le centre de grandeur. Je vous ferai remarquer que le centre de gravité n'est pas toujours le même que le centre de grandeur. Ces deux centres ne peuvent être réunis, que lorsqu'un corps est régulier et homogène. Comme deux corps suspendus à une balance ne sauroient avoir leurs centres de gravité à même distance qu'autant qu'ils sont égaux, les parties d'un corps ne sauroient être en équilibre autour du centre de grandeur qu'autant que la masse et la distance sont les mêmes entre les parties correspondantes. Or cela ne peut se trouver que dans un corps régulier et homogène.

Dans toutes les propositions de ce chapitre, l'identité s'apperçoit de l'une à l'autre. Elles sont par conséquent démontrées par l'évidence de raison.

Or comme toutes ces propositions n'en sont qu'une seule exprimée différemment, le levier, la roue, la poulie et les autres machines dont nous allons parler, ne sont qu'une balance différemment construite.

Il suffira donc de s'être familiarisé avec les observations que nous avons faites sur la balance, pour comprendre, à la simple lecture, les chapitres suivans, où nous traiterons du levier, de la roue, etc.; mais aussi moins on connoîtra la balance, plus il sera difficile de raisonner sur les autres machines.

CHAPITRE VII.

Du Levier.

Les machines sont pour les bras, ce que les méthodes sont pour l'esprit.

Nous avons vu qu'en faisant prendre différentes formes à une proposition, notre esprit découvre des vérités qu'il n'auroit pas apperçues : c'est ainsi qu'en construisant différemment la balance, notre bras soulevera des corps qu'il n'auroit pu remuer : les machines sont pour les bras ce que les méthodes sont pour l'esprit.

Fig. 72.
Le levier, quant au fond, est la même machine que la balance.

Le levier représenté par la ligne A B, est soutenu sur l'appui C, au lieu d'être suspendu comme le fléau de la balance.

Or si on fait un point d'appui du point de suspension, c'est pour employer le fléau à de nouveaux usages. Ce changement ne fait donc pas du levier une machine différente de la balance : c'est la même quant au fond, et les mêmes principes qui ont expliqué les effets de l'une, expliqueront les effets de l'autre.

Les principes sont

Vous comprenez qu'avec une petite force

vous éleverez un poids considérable, si la *les mêmes pour l'un et pour l'autre.* distance où vous êtes du point d'appui est à la distance où en est le poids, comme la force du poids est à la force que vous employez; ou si les produits de la force par la distance d'une part sont égaux aux produits de la force par la distance de l'autre. Avec une force capable de soutenir une livre vous souleverez un poids de 100 livres qui sera à un pouce de distance, si vous agissez à une distance de 100 pouces.

Que la ligne A B soit mue sur son appui, *Fig. 12.* les arcs décrits par les différens points, seront à raison de leurs distances. Donc les vitesses, et par conséquent les forces appliquées à ces points seront également comme les distances.

Que le poids D, égal à 4, soit à 2 de distance; la puissance, égale à 2, sera en équilibre, parce qu'elle est à 4 de distance. La règle est toujours qu'il y a équilibre, lorsque les produits de la force, par la distance, sont les mêmes de part et d'autre ; ou, ce qui est la même chose, lorsque D est à P comme la distance de P est à celle de D.

Donc la force de P pourra être d'autant plus petite, que D sera plus près du point d'appui.

On ajoute plusieurs leviers bout à bout, et on produit le même effet avec une force moindre. Vous en voyez trois dans la figure 13, et vous jugez que si la puissance, pour être en équilibre avec le poids 8, doit agir comme 4 sur le point A, il suffira qu'elle agisse comme 2 sur le point B, et comme 1 sur le point C.

Considération sur les leviers recourbés. Fig. 14.
La règle est, pour les leviers recourbés, la même que pour les autres; c'est-à-dire, qu'il y a équilibre, lorsque la distance de la puissance est à la distance du poids, comme le poids est à la puissance. Mais il y a une considération à faire. Prenons pour exemple le levier A B C, où B est le point d'appui, et C la puissance.

Vous vous tromperiez si vous jugiez de la distance de la puissance par la longueur de la ligne B C; car la puissance, agissant dans la direction C D, n'a en C que la force qu'elle auroit en D, où tombe la perpendiculaire tirée de B à la direction D C. Cette perpendiculaire B D est donc la distance de la puissance. En un mot, vous n'avez qu'à redresser ce levier, et imaginer que la puissance agit en D, comme elle agiroit avec un levier droit dont le second bras seroit égal à B D.

Il y a trois sortes de leviers. Les uns ont le point d'appui entre le poids et la puissance : tels sont ceux dont nous venons de parler. Les autres ont la puissance entre le poids et le point d'appui ; et les derniers ont le poids entre la puissance et le point d'appui.

Il y a trois sortes de leviers.

Dans un levier où la puissance est entre le poids, et le point d'appui, si elle est à 1 de ce point, lorsqu'un poids d'une livre en est à 8, il faut qu'elle soit comme 8, pour qu'il y ait équilibre ; et si on la transporte à 2 de distance, il faudra qu'elle soit comme 4.

Fig. 15.

Dans un levier où le poids est entre la puissance et le point d'appui, si le poids, qui agit comme 4, est à 2 de distance, la puissance qui agira comme 1, sera en équilibre à 8 de distance. Mais si on la transporte à 4, il faudra qu'elle agisse comme 2. En un mot, la loi est toujours

Fig. 16.

que la puissance est au poids, comme la distance du poids est à la distance de la puissance.

Fig. 17.
Si deux hommes portent un poids suspendu au levier A B, l'un est, par rapport à l'autre, le point d'appui du levier; et la portion que B porte est à celle que A porte, comme A D à B D. Si A D est à B D comme 2 à 3, et que le poids soit de cinquante livres, B en portera 20 et A 30. On pourroit donc placer le poids de façon qu'un homme fort et un enfant en porteroient chacun une portion proportionnelle à leurs forces.

CHAPITRE VIII.

De la Roue.

Le levier n'élève les poids qu'à une petite hauteur. Quand on veut les élever plus haut, on se sert d'une roue. La puissance agit à la circonférence : par conséquent les rayons vous représentent des leviers ou des bras de balance, et la longueur de ces rayons est la distance où la puissance est du point d'appui.

<small>La roue est formée d'une multitude de leviers qui tournent autour d'un point d'appui. Fig. 18.</small>

Autour de l'essieu, qui tourne avec la roue, s'entortille une corde à laquelle le poids est suspendu. Le demi-diamètre de l'essieu est donc la distance où le poids est du point d'appui. L'équilibre aura donc lieu, si le rayon est au demi-diamètre, comme le poids est à la puissance. Une livre, par exemple, qui sera à l'extrémité d'un rayon de 10 pieds fera équilibre avec un poids de 10 livres, si le demi-diamètre de l'essieu est d'un pied.

<small>La distance du poids est à la distance de la puissance, comme le demi-diamètre de l'essieu est au rayon de la roue.</small>

Mais le poids s'éloigne du point d'appui à mesure qu'il s'élève.

Vous remarquerez qu'à mesure que le poids s'élève, il faut une plus grande force pour le soutenir, parce que la corde, en s'entortillant, augmente le diamètre de l'essieu, et que, par conséquent, le poids est à une plus grande distance du point d'appuis.

CHAPITRE IX.

De la Poulie.

UNE poulie est une petite roue fixée dans une chappe, et mobile autour d'une cheville qui passe par son centre.

Si aux deux bouts d'une corde qui passe par dessus cette poulie, sont suspendus deux poids égaux, il y aura équilibre. Car il est évident que ces poids n'agissent que sur l'extrémité du diamètre. Vous pouvez donc n'avoir aucun égard ni à la partie supérieure ni à la partie inférieure de la poulie, et vous représenter ces poids comme suspendus au bras d'une balance, à une égale distance du centre de gravité ou du point de suspension. Vous devez par conséquent appliquer à cette poulie ce que nous avons dit de la balance.

Le diamètre d'une poulie est une balance.
Pl. II. Fig. 19.

Ayant arrêté un bout de la corde à un crochet, conduisons l'autre par dessous une poulie mobile, et faisons le passer par dessus une poulie fixe. Qu'ensuite un poids d'une

Par le moyen d'une suite de poulies une petite puissance soutient un grand poids.
Fig. 20.

livre soit suspendu au second bout de la corde, et un poids de deux à la poulie mobile, vous jugerez qu'il doit y avoir équilibre.

En effet, cette poulie mobile est un levier où le poids est entre deux puissances; car vous ne devez avoir égard qu'au diamètre; et les deux cordes représentent les deux puissances a et b, qui soutiennent chacune la moitié de P, parce que ce poids est à une égale distance de l'une et de l'autre.

Puisque a soutient la moitié de p, il soutient une livre. Il pèse donc comme une livre sur l'une des extrémités du diamètre de la poulie fixe : il est donc en équilibre avec le poids d'une livre qui agit sur l'autre extrémité du diamètre.

Avec cinq poulies, disposées comme dans la figure 21, un poids d'une livre en soutiendroit un de seize.

Le poids de seize livres, suspendu à la poulie inférieure A, est à égale distance des deux puissances qui agissent aux deux extrémités du diamètre de cette poulie. Chacune de ces puissances soutient donc la moitié du poids *a* est donc égal à 8; il pèse donc comme 8, et le poids suspendu à la poulie B, devient un poids de 8 livres.

Nous observerons de même que ce poids de 8 livres est à égale distance des deux puissances qui agissent aux deux extrémités du diamètre de la poulie B; et par conséquent nous jugerons que *b*, qui en soutient la moitié, est égal à 4.

En répétant le même raisonnement, le poids suspendu à la poulie C, sera de 4 livres, et la puissance *c* agira comme deux livres. Enfin le poids suspendu à la poulie D, sera de deux livres, et la puissance *d*, qui agira comme une, sera en équilibre avec le poids *e*, que nous supposons d'une livre.

Avec une poulie de plus, un poids d'une livre en soutiendroit un de 32; et vous comprenez qu'une même puissance soutiendra un poids plus grand, à proportion qu'on augmentera le nombre des poulies.

CHAPITRE X.

Du plan incliné.

<small>Un poids sur un plan incliné est soutenu en partie par le plan.</small>

IL est certain qu'il faut une plus grande force pour élever un corps dans la direction de la perpendiculaire C B, que dans la direction du plan incliné A B.

<small>Fig. 11.</small>

Faisons mouvoir la ligne B A sur le point fixe A. Si nous l'élevons et la rapprochons de la perpendiculaire A D, le plan sera plus incliné à mesure que nous l'éleverons, et il faudra une plus grande puissance pour soutenir le poids. Si, au contraire, nous l'abaissons et la rapprochons de la ligne horisontale C A, le plan sera moins incliné à mesure que nous l'abaisserons; et le même poids sera soutenu avec une moindre puissance. Dans le premier cas, le plan incliné soutient donc une moindre partie du poids; et dans le second, il en soutient une plus grande. Ce sont là des faits dont on s'assure par l'expérience.

<small>Un poids est soutenu, sur un plan</small>

Si la puissance P est en équilibre avec

le poids D, lorsque la ligne de traction T D est parallèle au plan, l'équilibre cessera, et le poids D entraînera la puissance P, aussitôt que cette ligne cessera d'être parallèle au plan. Il faut donc que la ligne de traction soit parallèle au plan, si on veut soutenir un poids avec la moindre puissance possible. C'est encore là un fait que l'expérience constate.

incliné, par la moindre puissance possible, lorsque la ligne de traction est parallèle au plan.
Fig. 23.

Prenons un plan dont la longueur soit le double de la hauteur, et faisons passer la ligne de traction par dessus une poulie : P, poids d'une livre suspendu à l'extrémité de cette ligne, soutiendra, sur le plan, D, poids de deux livres. L'équilibre demande donc qu'en ce cas la puissance soit au poids comme la hauteur du plan est à la longueur.

La puissance doit être au poids, comme la hauteur du plan à la longueur.
Fig. 23.

Mais puisque le plan soutient une plus grande ou une moindre partie du poids, à proportion que vous lui donnez plus ou moins de hauteur, vous jugez que vous pouvez généraliser cette règle. Vous direz donc : la puissance est toujours au poids, comme la hauteur du plan incliné à la longueur. En effet, cette règle est une conséquence des faits que nous venons d'apporter. Elle n'est autre chose que ces faits mêmes exprimés d'une manière générale. Essayons cependant de la démontrer d'après les principes que nous avons établis.

Fig. 23.
La puissance P agit sur le centre du poids D, c'est-à-dire, sur l'extrémité de la ligne F D : le poids tend à tomber dans la direction de la ligne D E C perpendiculaire à l'horison ; et il tomberoit dans cette direction, s'il n'étoit soutenu en partie par le plan. Vous pouvez donc regarder D F E, comme un levier recourbé qui a son point d'appui en F ; et vous voyez que la puissance agit à l'extrémité du plus long bras du levier, et que le poids pèse à l'extrémité du bras le plus court, à l'extrémité de la ligne F E, perpendiculaire à D C ; il pèse sur le point E, et il tomberoit perpendiculairement en C, s'il n'étoit pas soutenu.

D F exprime donc la distance où la puissance est du point d'appui, et E F exprime la distance où le poids est de ce même point. Ces deux lignes expriment par conséquent les conditions nécessaires à l'équilibre, c'est-à-dire, le rapport de la puissance au poids.

Or, ces deux lignes sont entre elles comme la hauteur du plan à la longueur : EF est à DF comme BA est à AC. C'est ce qu'il faut démontrer.

Dire que EF est à DF comme BA est à AC, c'est dire que les trois côtés du triangle DEF sont dans les mêmes rapports entre eux, que les trois côtés du triangle ABC. Car la longueur de deux côtés d'un triangle étant donnée, la longueur du troisième est déterminée.

Or dire que les trois côtés du triangle EDF sont dans les mêmes rapports que les trois côtés du triangle ABC, c'est dire que ces deux triangles sont semblables. Il nous reste donc à prouver qu'ils sont en effet semblables.

Ils sont semblables l'un à l'autre, s'ils sont semblables à un troisième.

Or DEF est semblable à DCF. Premièrement, DEF a un angle droit en E, et DCF a également un angle droit en F : ils sont donc semblables en ce qu'ils ont chacun un angle droit. En second lieu, ils sont semblables encore par l'angle CDF, qui est commun aux deux. Ils sont donc également semblables par le troisième, puisque deux angles étant donnés, le troisième est déterminé.

Il vous sera aussi facile de comprendre que le triangle A B C est semblable au triangle CDF; car vous voyez qu'ils ont chacun un angle droit. Vous voyez encore que la ligne oblique AC tombe sur deux lignes parallèles, A B et CD; et que, par conséquent, l'angle D C A est égal à l'angle CAB. Rappelez-vous ce que nous avons dit lorsque nous observions les angles qu'une ligne oblique fait sur deux lignes parallèles.

Lorsqu'un poids est en équilibre sur un plan incliné, il est donc prouvé que la distance au point d'appui est à la distance de la puissance au même point, comme la hauteur est à la longueur du plan; et que, par conséquent, la puissance est au poids comme la hauteur du plan à la longueur.

Vitesse avec laquelle un corps descend d'un plan incliné. Un corps ne descend pas avec la même vîtesse, lorsqu'il tombe le long d'un plan incliné, que lorsqu'il tombe perpendiculairement à l'horison. Il ne peut descendre qu'avec une force égale à celle de la puissance qui le tiendroit en équilibre. Nous pouvons donc nous faire cette règle générale : la force avec laquelle un corps descend le long d'un plan incliné, est au poids de ce corps comme la hauteur est à la longueur du plan. Il s'agit de savoir actuellement le chemin qu'il doit faire sur la ligne A B, dans le même temps qu'il arrive de A en C.

Fig. 24.

Soit le plan A B C dont la longueur est le double de la hauteur, et divisons A C et A B en quatre parties. Je suppose que A E, E F, F G, G C, sont les quatre espaces qu'un corps doit parcourir en deux secondes.

Un corps a la moitié moins de force, lorsqu'il tombe de A en B, que lorsqu'il tombe de A en C. Il doit donc avoir la moitié moins de vitesse, et par conséquent n'arriver en B qu'en quatre secondes.

Or, la pesanteur agit de la même manière sur les corps, dans quelque direction qu'il se meuvent; c'est-à-dire, que, dans des temps égaux, l'accélération du mouvement

Son mouvement s'accélère dans la proportion 1, 3, 5, 7.

suit la proportion 1, 3, 5, 7, etc. Ainsi donc qu'un corps qui tombe de A en C parcourt, dans la première seconde, l'espace A E, et dans la suivante, les espaces E F, F G, G C; de même un corps qui tombe de A en B, doit, dans les deux premières secondes, parcourir l'espace A H, et dans les deux suivantes, les espaces H I, I K, K B. Un corps mu sur ce plan incliné n'arrive donc qu'en H, dans le même temps qu'il tombe perpendiculairement de A en C; c'est-à-dire, qu'en deux secondes il n'est pas plus bas sur la ligne A B, qu'en une dans la ligne A C. Car E et H sont à égale distance de la ligne horisontale C B.

<small>Comment on connoît l'espace qu'il doit parcourir sur un plan incliné, dans le même temps qu'il tomberoit de toute la hauteur.</small>
Si de C vous tirez une perpendiculaire sur AB, vous verrez qu'elle tombera précisément sur H. Donc pour connoître l'espace qu'un corps doit parcourir sur un plan dans le même temps qu'il descendroit de A en C, nous n'avons qu'à tirer une perpendiculaire de C sur le plan A B.

<small>Qu'un corps tombe perpendiculairement, ou le long d'un plan incliné, il acquiert la même force toutes les fois qu'il tombe de la même hauteur.</small>
Dès que la pesanteur agit toujours de la même manière, il s'ensuit que, quelle que soit l'inclinaison du plan, le corps aura la même vîtesse, lorsqu'il sera arrivé en

bas, qu'il auroit eu s'il étoit tombé le long de la perpendiculaire. Si le plan est plus incliné, et par conséquent plus court, l'accélération se fera plus vîte, et la vîtesse sera acquise plutôt : si le plan est moins incliné ou plus long, l'accélération sera plus lente, et la même vîtesse sera acquise plus tard. Quelle que soit donc la ligne que plusieurs corps décrivent, arrivés en bas, ils ont la même force, toutes les fois qu'ils sont tombés de la même hauteur.

CHAPITRE XI.

Du pendule.

<small>Un corps qui tombe le long des cordes d'un cercle, les parcourt dans le même temps qu'il parcourroit tout le diamètre.</small>

Tirons plusieurs plans inclinés depuis le point A sur la ligne horisontale B C, et tirons des perpendiculaires de C sur ces plans. Prenons ensuite un centre à une égale distance de A et de C, et traçons un cercle par les points angulaires, D, E, F.

<small>Fig. 25.
Planche III.</small>

Les lignes A D, A E, A F, sont des cordes du cercle; et nous pouvons, dans l'autre demi-cercle, tirer des lignes qui, étant parallèles à ces premières, leur seront égales et également inclinées. Or il est évident que toutes ces lignes sont la même chose que les plans dont nous venons de traiter. Un corps descendra donc le long de chacune dans le même temps qu'il tomberoit du haut du diamètre au bas de A en C.

Que dans un cercle placé verticalement on tire donc autant de cordes qu'on voudra, un corps emploiera toujours le même temps à parcourir chaque corde, et ce temps sera le même que celui qu'il auroit mis à parcourir le diamètre. Vous remarquerez, en effet, que les cordes sont plus longues ou plus courtes, à proportion qu'elles sont plus ou moins inclinées.

La pesanteur agit toujours perpendiculairement, et, quelle que soit l'inclinaison du plan, le corps a la même force, lorsqu'il arrive sur la ligne horisontale B C que s'il étoit tombé perpendiculairement de A en C. *Un pendule fait ses vibrations dans le même temps qu'il parcourroit quatre diamètres du cercle dont il est le rayon.*

Soit donc un corps suspendu au centre M par un fil dont la longueur est le demi-diamètre du cercle. Ce corps descendant de *h*, ne peut pas tomber plus bas que C; mais la force qu'il a acquise, en parcourant cet espace, peut lui en faire parcourir un semblable : il remontera donc en E. Arrivé à ce point, il a perdu toute sa force. Il retombe donc par sa pesanteur, et il acquiert assez de force pour remonter en *h*, d'où il retombe encore; ainsi de suite. *Fig. 25.*

Un corps ainsi suspendu, est ce qu'on nomme *pendule*. Il peut être attaché à un cordon ou à un fil de fer.

Le mouvement du pendule de *h* en C et de C en E, est ce qu'on nomme *vibration* ou *oscillation*.

Il tombe, par un mouvement accéléré de *h* en C, dans le même temps qu'il seroit tombé de A; et dans un temps égal il remonte en E par un mouvement retardé.

Or, si dans ces deux temps il étoit tombé perpendiculairement du point A, il auroit parcouru quatre diamètres du cercle.

Un corps suspendu au centre M, emploie donc à une vibration le même temps qu'il emploieroit à parcourir perpendiculairement quatre diamètres; ou, ce qui revient au même, à parcourir huit fois la hauteur du pendule.

Telle est la proportion entre le mouvement de vibration et le mouvement perpendiculaire, lorsque le pendule est supposé descendre et monter par les cordes.

Or parce que les arcs de cercle diffèrent d'autant moins des cordes, qu'ils sont plus petits, on suppose que la proportion est la même, lorsque le pendule fait sa vibration par le petit arc LCK : il est vrai que cette supposition n'est pas exacte, puisque les géomètres démontrent que le temps de la descente d'un corps grave, par un arc infiniment petit, est au temps de la descente par la corde du même arc, comme la circonférence du cercle à quatre fois son diamètre, ou à peu près comme 355 à 452. Cependant les vibrations, par de très-petits arcs de cercle, sont d'égale durée, puisque leurs durées sont entr'elles comme les durées égales de la descente par les cordes de ces arcs.

Il faut vous faire remarquer que dans tout ce que nous disons sur le mouvement, nous n'avons point égard ni au frottement, ni à la résistance de l'air. Mais ce frottement est d'autant moins sensible, que le pendule est plus long, et qu'il décrit un plus petit arc de cercle.

Conditions nécessaires aux vibrations isochrones.

S'il n'y avoit ni frottement, ni résistance, le pendule, une fois en mouvement, continueroit éternellement ses vibrations dans des temps égaux.

Lorsqu'il est court et que les arcs de cercles sont grands, le frottement et la résistance de l'air sont plus sensibles, et les vibrations se font en des temps inégaux. Lorsqu'au contraire, il est plus long, et les arcs plus petits, les vibrations peuvent, sans erreur sensible, être regardées comme faites en temps égaux, jusqu'à ce que le pendule soit en repos. De pareilles vibrations se nomment *isochrones*.

<small>Proportion entre la longueur du pendule et la durée des vibrations.</small>

Le temps des vibrations est plus court, à proportion que les pendules sont plus courts. Voici quelle doit être cette proportion : A E B G et D f B i sont deux cercles dont les diamètres A B et D B sont l'un à l'autre, comme quatre à un.

<small>Fig. 26.</small>

Nous avons démontré que, si un corps tombe de A en B dans un temps déterminé, il ne tombera, dans la moitié de ce temps, que de D en B.

Nous avons aussi démontré qu'un corps tombe le long de la corde d'un cercle, dans le même temps qu'il tombe le long du diamètre.

Donc un corps en E tombera le long de la corde E B, dans le double du temps qu'un corps en *f* tombera le long de la corde *f* B. Or on démontre que les arcs E B et *f* B, étant supposés semblables ou très-petits, les temps des chûtes, par ces arcs, ou les temps des demi-vibrations sont entr'eux comme les temps des chûtes par les cordes. Donc le temps de la vibration du pendule C B sera double du temps de la vibration du pendule e B.

Quand vous voudrez donc avoir les vibrations deux fois plus lentes, il faudra que le pendule soit quatre fois plus long ; et au contraire, il faudra qu'il soit quatre fois plus court, quand vous voudrez que les vibrations soient deux fois plus rapides.

Mais pour mesurer un pendule, il faut pouvoir déterminer le centre d'oscillation ; car la longueur du pendule est comme la distance du centre d'oscillation au centre de suspension. Cette matière est une des plus difficiles. Il s'en faut bien que ce que nous avons étudié jusqu'à présent, suffise pour nous apprendre à trouver le point précis qui est le centre d'oscillation. Bornons-nous donc à nous faire une idée de ce problème.

Pour déterminer la longueur d'un pendule, il faut connoître le centre d'oscillation.

Représentez-vous le pendule C P, comme un levier qui a son point d'appui dans le

Fig. 17.

centre de suspension C; et n'ayant aucun égard à la pesanteur du levier, supposez tout le poids dans un corps supendu au point P.

Dans cette supposition, ce corps tombera de P en B avec une vîtesse, qui sera en raison de la masse multipliée par la distance du centre de gravité, au centre de suspension C; et le centre d'oscillation sera le même que le centre de gravité.

Si vous faites les mêmes suppositions sur le pendule cp, qui n'est que le quart de C P, le centre d'oscillation, sera encore pour lui le même que le centre de gravité du corps suspendu.

Or ces deux pendules faisant leurs vibrations par des arcs qui sont entr'eux comme les circonférences dont ils font partie, p arrivera en f, lorsque P ne sera encore qu'en B; et il sera retourné au point d'où il étoit parti, lorsque P arrivera en F. p fait donc deux vibrations, pendant que P n'en fait qu'une; et s'il met, par exemple, une demi-seconde à chacune de ces vibrations, P emploiera à chacune des siennes, une seconde entière.

Vous pouvez encore considérer le levier Fig. 28. suspendu A C sans avoir égard à sa pesanteur, et le divisant en quatre parties égales, placer à la seconde division, B de deux livres, et à l'extrémité, C de deux livres également.

Les vîtesses de B et de C sont comme leurs masses multipliées par la distance où ils sont de A, et les produits sont 12. Or le produit de la masse, par la distance d'un corps de quatre livres, placé en D à la troisième division, seroit également 12. Les vibrations de ce pendule se feront donc avec une vîtesse moyenne à celles de B et de C, comme si tout le poids se réunissoit en D.

Vous voyez par ces suppositions, que moins le fil aura de poids par rapport au poids du pendule, moins la pesanteur du levier causera d'erreur sensible. C'est ce qui arrive, lorsqu'on suspend un corps considérable à un fil d'acier fort subtil; et on a observé qu'un pendule, dont la longueur est de 39 pouces et deux dixièmes, mesure d'Angleterre, depuis le centre de la balle jusqu'au point de suspension, achève chaque vibration dans une seconde, ou en fait 3600 dans une heure. Cette expérience a été faite avec un pendule qui pesoit 50 livres, et auquel on avoit donné une forme lenticulaire, afin qu'il trouvât moins de résistance dans l'air : les vibrations continuèrent pendant tout un jour.

Fig. 29. L'expérience montre encore à peu près le centre d'oscillation d'une barre homogène et de même épaisseur dans toutes ses parties; car les vibrations en sont isochrones avec celles d'un pendule, dont la longueur seroit les deux tiers de celles de la barre.

Objet du livre suivant. Je n'entrerai pas dans un plus grand détail sur les mécaniques. Les principes que je viens d'exposer suffisent pour vous faire comprendre comment l'évidence de fait et l'évidence de raison concourent à la découverte de la vérité; et, comme ces principes vous mettent en état de vous faire une idée du système du monde, je vais vous donner une idée de ce système pour un nouvel exemple des raisonnemens qui portent tout-à-la fois sur l'évidence de fait et sur l'évidence de raison. Vous verrez, Monseigneur, que ce monde n'est qu'une machine semblable à celles que nous venons d'étudier ; c'est une balance. Cette vérité va vous être démontrée par une suite de propositions identiques avec les propositions de ce second livre.

LIVRE TROISIÈME.

Comment l'évidence de fait et l'évidence de raison démontrent le système de Newton.

CHAPITRE PREMIER.

Du mouvement de projection.

<small>Effet de la résistance de l'air et de la pesanteur sur un projectile poussé horisontalement.</small> Un boulet de canon poussé horisontalement, continueroit à se mouvoir avec la même vîtesse et dans la même direction, si aucune cause n'y faisoit obstacle. Mais, tandis que la résistance de l'air diminue sa vîtesse, la force qui le fait tendre en bas, et qu'on nomme pesanteur, change sa direction.

Si, supposant qu'il ne pèse pas, nous n'avons égard qu'à la résistance de l'air, nous jugerons qu'il suivra sa première direction, en perdant, à chaque instant, de sa vîtesse : car il ne s'ouvrira une route, qu'autant qu'il écartera les parties du fluide qui lui résistent ; il ne les écartera qu'autant qu'il leur communiquera de mouvement, et autant il leur communiquera de mouvement, autant il en perdra. Il avancera donc toujours plus lentement, et enfin il restera immobile en l'air.

Mais il tombe, parce qu'il pèse ; il tombe à chaque instant, parce qu'il ne cesse pas de peser. Il s'écarte donc à chaque instant de la direction horisontale, et il décrit une courbe.

C'est qu'il obéit en même temps à deux forces, dont les directions font un angle. Or comment obéit-il à ces deux forces ? quelle est la loi qu'il suit ?

Pour vous représenter la chose d'une manière sensible, supposé que T S est le plan d'un bateau, qui se meut dans la direction T S, sur le canal H h g G.

Fig. 30. Ce projectile parcourt la diagonale d'un parallélogramme dans le même temps qu'il auroit parcouru un des deux côtés.

Supposé encore que d D sont deux objets fixes, deux arbres, par exemple, placés sur le rivage ; que C c sont deux personnes sur le rivage opposé, et que A B sont deux enfans qui jouent au volant dans ce bateau.

Or, si, dans le temps que le volant va de A en B, A se trouve, par le mouvement du bateau, transporté en *a*, et B en *b*, B recevra le volant en *b*.

Le volant, obéissant à deux forces, dont les directions sont l'angle B A a, a donc parcouru la ligne A b, diagonale du parallélogramme A B b a ; et il l'a parcourue dans le même temps qu'il auroit été porté de A en *a*, s'il n'avoit eu d'autre mouvement que celui du bateau ; ou dans le même temps qu'il auroit été poussé de A en B, s'il n'avoit eu que le mouvement communiqué par la raquette dans un bateau en repos.

Cependant le volant paroît aux enfans se mouvoir dans la direction A B ; parce que dans le même temps qu'il arrive en *b*, les enfans se trouvent dans la ligne *a b*, sans avoir remarqué le mouvement qui les a transportés, et que, par conséquent, ils prennent *a b* pour A B. Mais les personnes qui sont sur le rivage, placées en C c, et qui fixent les yeux sur les objets d D, ne peuvent pas confondre ces deux lignes, et voient le volant aller de A en *b*.

Si, conservant la même vîtesse au volant, vous augmentez ou diminuez celle du bateau, vous concevez que la diagonale sera toujours parcourue dans le même temps ; mais qu'elle sera plus longue ou plus courte. Si le bateau va plus vite, elle sera plus longue, et elle aboutira, par exemple, au point n ; s'il va plus lentement, elle sera plus courte, et se terminera, par exemple, au point m.

Nous pouvons donc nous faire cette règle générale : *un corps mu par deux forces dont les directions font un angle, parcourt la diagonale d'un parallélogramme, dans le même temps qu'avec une seule des deux forces il auroit parcouru un des deux côtés.*

On objectoit à Galilée que si la terre tournoit sur son axe de l'ouest à l'est, un projectile poussé perpendiculairement à l'horison, ne tomberoit pas au point d'où il se seroit élevé ; mais qu'il tomberoit plus ou moins vers l'ouest, à proportion que ce point se seroit plus ou moins avancé vers l'est, pendant le temps que le projectile auroit employé à s'élever et à descendre.

C'est précisément comme si on eût dit qu'un volant poussé de A vers B, resteroit en arrière, et tomberoit hors du bateau ; si, pendant qu'il se meut, le bateau étoit mu lui-même dans la direction A a.

Mais comme le volant obéit à deux directions, parce qu'il est mu tout-à-la fois, et par la force que le bateau lui communique, et par la force que la raquette lui donne, de même le projectile supposé a deux directions; l'une perpendiculaire qu'on lui donne, et l'autre horisontale que le mouvement de la terre lui communique. Il doit donc s'élever le long d'une diagonale qui le porte vers l'est; et du dernier point de son élévation il doit descendre le long d'une autre diagonale, qui le porte encore vers l'est.

C'est ce que Galilée répondoit, et il donnoit pour preuve, que dans un vaisseau à la voile, comme dans un vaisseau à l'ancre, une pierre tombe également du haut du mât au pied; jugeant avec raison que si elle descend perpendiculairement, lorsque le vaisseau est immobile, elle descend obliquement à l'horison, lorsque le vaisseau se meut, et qu'elle parcourt la diagonale d'un parallélogramme, dont un des côtés est égal à l'espace que le vaisseau a parcouru; et l'autre est égal à la hauteur du mât.

L'expérience démontre donc qu'un corps mu par deux forces, dont les directions font un angle, parcourt la diagonale d'un parallélogramme, dans le même temps qu'il en auroit parcouru un des deux côtés. Voyons à présent comment, en parcourant une suite de diagonales, il décrira une courbe.

Un boulet de canon, mu dans la direction horisontale A B, continueroit, comme nous l'avons dit, à se mouvoir dans cette direction, si la pesanteur ne l'en écartoit pas à chaque instant; et s'il étoit poussé avec une force capable de lui faire parcourir 4 perches par seconde, il parcourroit, en cinq secondes, 20 perches sur la ligne A B.

De même si, tombant de A, ce boulet n'étoit poussé que par la force qu'il reçoit de sa pesanteur, il continueroit à se mouvoir dans la direction A E, perpendicu-

Fig 31.
En parcourant une suite de diagonales, il décrit une courbe.

laire à l'horison; et puisque dans la première seconde il parcourroit une perche, en descendant de A en C, en 5 secondes il seroit descendu en E, et auroit parcouru 25 perches, les espaces étant comme le carré des temps.

Mais puisqu'il est poussé tout-à-la fois par deux forces, dont l'une est capable de le porter en B, dans le même temps que l'autre est capable de le porter en E, c'est-à-dire, chacune en 5 secondes, il obéira à ces deux forces; et au lieu d'arriver en B ou en E, il tombera en 5 secondes en G.

Si la diagonale A G du parallélogramme A B G E représentoit la direction de la chûte, le boulet paroîtroit parcourir une ligne droite; mais puisque les deux forces agissent à chaque instant, qu'à chaque instant chacune détourne le boulet de la direction que l'autre tend à lui donner, il est évident que nous n'approcherons de la courbe qu'il décrit, qu'à proportion que nous l'observerons dans de plus courts intervalles.

Par conséquent, si nous considérons qu'en A le boulet, poussé vers C et vers D,

se meut dans la diagonale A b; et qu'en
b, poussé vers e et vers f, il se meut dans
la diagonale b h, et ainsi de suite jusqu'en
G, nous le verrons se mouvoir dans les
diagonales 1, 3, 5, 7, 9, dont la suite commence à former une courbe, et nous concevons que si nous observions le mouvement
du boulet dans des intervalles plus courts,
chacune de ces diagonales se recourberoit
encore.

Si ce boulet étoit mu dans une direction
oblique à l'horison, telle que A I, la force
de projection tendroit à lui faire parcourir,
en temps égaux, les espaces A B, B C, etc.;
mais parce que la force communiquée par
la pesanteur, le fait descendre à chaque
instant, il ira de A en b, au lieu d'aller
de A en B. Il parcourra donc la diagonale
du parallélogramme A B b a, dont le côté
A B représente la force de projection, et
le côté B b égal à A a, représente la force
de pesanteur.

De même au lieu d'aller de b en M, et
de n'obéir qu'à la force de projection, il
arrivera en N, parce qu'il obéira encore à
la force de pesanteur ; et il parcourra la

diagonale du parallélogramme b M N L.

C'est ainsi que de diagonale en diagonale il ne s'élevera, en quatre instans, qu'à la hauteur du point O; au lieu que s'il n'avoit eu qu'un mouvement de projection, il se seroit élevé jusqu'en E.

Or, de O en E, il y a seize espaces, et c'est précisément ce dont il doit descendre en quatre temps, puisque 16 est le carré de 4.

Mais comme il s'est élevé de A en O par un mouvement retardé, il descendra de O en V par un mouvement accéléré. Au lieu d'aller de Q en R, il ira de Q en S. C'est ainsi qu'obéissant aux deux forces combinées, il descendra comme il est monté, c'est-à-dire, de diagonale en diagonale, jusqu'au point le plus bas V. Il décrira donc la courbe A O V, dans le même temps qu'il se seroit élevé en I, s'il n'avoit eu qu'un mouvement de projection.

La courbe que décrit un corps jeté horisontalement ou obliquement, se nomme *parabole*. Vous pouvez donc vous représenter une parabole par la suite des diagonales que parcourt un mobile, lorsqu'il obéit en même temps à la force de projection et à la force de pesanteur.

Vous pouvez remarquer que tout ce que nous avons dit, dans ce chapitre, est identique avec l'une ou l'autre de ces deux propositions, que l'observation démontre : la première, *que les espaces parcourus, par un corps qui tombe, sont comme les carrés des temps* : la seconde, *qu'un corps mu par deux forces, dont les directions ont un angle, parcourt la diagonale d'un parallélogramme, dans le même temps qu'avec une seule des deux forces il auroit parcouru un des deux côtés*. En effet, nous ne faisons qu'expliquer différemment ces deux propositions, lorsque nous en concluons qu'un corps poussé obliquement ou horisontalement, décrit une parabole; et il importe de vous les rendre familières, afin de pouvoir saisir plus facilement leur identité avec d'autres vérités, qui seront des découvertes pour vous.

CHAPITRE II.

Du changement qui arrive au mouvement, lorsqu'une nouvelle force est ajoutée à une première.

<small>Les forces agissent avec des directions qui conspirent ou qui se contrarient.</small>
Deux forces agissent dans une même direction, dans des directions contraires, ou dans des directions obliques. Il faut examiner ces trois cas.

<small>Fig 33.
Effet des forces lorsqu'elles agissent dans la même direction.</small>
Soit le corps A porté de A en L, avec une force capable de lui faire parcourir l'espace A B en une seconde; il parcourra de seconde en seconde B C, C D, etc., parce que tous ces espaces sont égaux au premier.

Si, lorsqu'il est en B, une nouvelle force, semblable à la première, agit sur lui dans la même direction, il aura une force double: il ira donc de B en D, de D en F, dans le même temps qu'il alloit de A en B; c'est-à-dire, qu'il décrira un espace double. Il auroit donc eu une vîtesse triple, et auroit parcouru trois espaces en une seconde, si la seconde force ajoutée eût été double de la première.

Si, pendant que le corps, par la première force, parcourt uniformément A B, B C, etc., une force égale agit sur lui dans la direction contraire L A, il restera immobile : car ces deux forces étant égales et contraires, l'action de l'une doit détruire l'action de l'autre ; mais si cette dernière force n'agit que lorsqu'il a une force triple pour parcourir trois espaces en une seconde, elle détruira un tiers de la vîtesse. Le corps sera donc mu comme s'il n'avoit qu'une force double dans la direction A L, et il ne parcourra que deux espaces en une seconde. Enfin si, pendant qu'il avance de trois espaces par seconde, il reçoit tout-à-la fois deux forces égales à la première, l'une dans la direction A L, et l'autre dans la direction L A, il continuera d'aller avec la même vîtesse : car l'effet des deux nouvelles forces doit être nul, puisqu'elles se détruisent mutuellement. Tels sont les effets des forces qui conspirent directement et des forces directement contraires.

Voyons maintenant ce qui doit arriver dans les autres cas.

<small>La vitesse augmente, lorsque deux forces agissent à angle droit.
Fig. 33.</small>

Je suppose qu'un corps se meuve uniformément de A en B, et de B en C en une seconde, et qu'une nouvelle force, égale à la première, agisse sur le corps en B dans la direction de la ligne B b perpendiculaire à A L; dans ce cas cette force agit à angle droit avec la première. Le corps changera de direction ; et ce que nous avons dit plus haut, vous apprend qu'il décrira la diagonale B d. Par la même raison, si la nouvelle force avoit été double, le corps auroit décrit la diagonale B e; et si elle n'avoit été que la moitié de la première, il n'auroit décrit que la diagonale B f.

Vous voyez par-là que, quelle que soit la nouvelle force qui agit à angle droit, la vitesse du corps est toujours augmentée, puisqu'il parcourt la diagonale d'un parallélogramme rectangle dans le même temps que, par la seule action de l'une des deux forces, il n'auroit parcouru que l'un des côtés de ce parallélogramme. Vous voyez, en un mot, que dans le cas que nous supposons, ces deux propositions sont identiques : *la vîtesse du mobile est augmentée, le mobile parcourt la diagonale d'un parallélogramme rectangle.* Vous appercevrez encore l'identité des propositions suivantes avec ce que nous avons déjà dit; et vous n'aurez pas besoin que je vous la fasse remarquer.

Si la nouvelle force agit à angle aigu, vous concevez que sa direction approche d'autant plus de celle de la première, que l'angle sera plus aigu. De-là nous tirons deux conséquences, l'une qu'elle augmentera la vîtesse; l'autre qu'elle ne l'augmentera jamais autant que si elle avoit agi sans angle, c'est-à-dire, dans la même direction.

Elle augmente encore lorsque les forces agissent à angle aigu.

Si, par exemple, la nouvelle force, étant égale à la première, a sa direction dans la ligne C c; D C c sera l'angle aigu formé par les deux directions. Or, plus cet angle est aigu, plus l'angle g c C est obtus, et plus aussi la diagonale C g est grande. Mais cette diagonale est l'espace parcouru, et elle exprime la vîtesse du corps.

La vîtesse est donc augmentée toutes les fois que la nouvelle force agit à angle droit

Si la seconde force fait, avec la première, un angle obtus, la vîtesse *sera la même, ou sera plus petite.* ou à angle aigu : mais si la nouvelle force agit à angle obtus, la vîtesse pourra rester la même, ou être plus petite.

Supposons que cette force, égale à la première lorsque le corps est en K, agisse dans la direction K m; alors la diagonale K n du parallélogramme K L n m sera égale à K m; car le parallélogramme est divisé en deux triangles dont les côtés sont égaux. La vitesse du corps sera donc la même qu'auparavant.

Si la nouvelle force étoit la moitié de la première, la vitesse du corps seroit diminuée; car alors K p représenteroit la nouvelle force, et K o, plus court que K n, seroit la diagonale parcourue.

Si la nouvelle force est le double, et qu'agissant toujours dans le même angle obtus, elle soit représentée par K r, la vitesse représentée par K s sera augmentée.

Si cette force agit dans un angle plus obtus, et par conséquent dans une direction plus opposée, telle que K t, le corps parcourra la diagonale K m égale à K L; et par conséquent sa vitesse ne sera point augmentée, quoique la nouvelle force soit plus grande que la première.

Vous comprenez donc que, si elle avoit été égale, la vitesse auroit diminué, et que cette diminution auroit été d'autant plus grande, que l'angle auroit été plus obtus.

Toutes les propositions que nous venons de faire, ne sont que différentes manières d'exprimer, suivant la différences des cas, cette proposition : *un mobile parcourt une diagonale, lorsqu'il est mu par deux forces, dont les directions font un angle.* Mais ces propositions nous seront nécessaires pour arriver à d'autres propositions identiques, c'est-à-dire, à d'autres vérités.

Les propositions de ce chapitre sont identiques avec celles du chapitre précédent.

Nous avons vu que la pesanteur est une force capable de faire parcourir une perche dans une première seconde : c'est ainsi qu'elle agit près de la surface de la terre. Il nous reste à savoir avec quelle force elle agit à toute autre distance ; et lorsque nous nous en serons assurés par l'observation, nous commencerons à comprendre le système du monde. Il suffira, pour expliquer les phénomènes, de considérer la loi que

La loi que suit la pesanteur, et celle que suit un corps mu par deux forces qui font un angle, seront identiques avec plusieurs phénomènes que nous expliquerons.

suit la pesanteur à toute distance, et la loi à laquelle obéit un corps mu par deux forces, dont les directions font un angle : vous connoîtrez que les vérités que nous découvrirons, ne seront que ces deux lois, énoncées différemment, suivant la différence des cas.

CHAPITRE III.

Comment les forces centrales agissent.

LORSQUE vous tournez une fronde, la pierre fait effort d'un côté pour s'échapper par une tangente, et de l'autre elle est retenue par la corde. La force par laquelle elle tend à s'écarter du centre de son mouvement, se nomme *centrifuge* ; celle par laquelle elle est retenue dans son orbite, se nomme *centripète* ; et on comprend l'une et l'autre sous le nom de *forces centrales*.

Ce qu'on entend par force centrifuge, centripète et centrale.

Plus le mouvement de la fronde est rapide, plus la pierre fait effort pour s'échapper, et plus aussi la corde en fait pour la retenir. En effet, vous sentez que la corde se roidit à proportion que la pierre se meut avec plus de vitesse ; et vous pouvez déjà entrevoir que la pierre ne décrit un cercle que parce que la force, qui la tire vers le centre, est égale à la force qui l'en éloigne.

Rapport des forces centrifuges et centripètes dans un corps mû circulairement.

C'est à peu près ainsi que les planètes

sont transportées autour du soleil. Quand au théâtre vous voyez des changemens de décorations, vous imaginez bien que les machines ne sont mises en mouvement que par des cordes, auxquelles elles sont suspendues, et que vous ne voyez pas. Or, Monseigneur, l'attraction n'est qu'une corde invisible, et la tension de cette corde est plus ou moins grande, à proportion que la planète tend plus ou moins à s'écarter.

Fig. 34.
Exemple.

Un boulet de canon, tiré du haut d'une montagne, ira en avant dans une courbe, à proportion de la force de la poudre, en B, en C, en D : il reviendroit même au point A, si, ne trouvant point de résistance dans l'air, la poudre pouvoit lui communiquer une force de projection égale à la force qui l'attire vers le centre de la terre; et il continueroit à se mouvoir de la sorte, parce que la force centrifuge seroit toujours égale à la force centripète.

Cette vérité sera évidente pour vous, si vous appercevez qu'elle est identique avec d'autres vérités que nous avons démontrées.

Fig. 34.

Tirez du centre de la terre le rayon A E,

et perpendiculairement à ce rayon tirez la ligne A F, vous voyez que ces deux lignes font une angle droit, que A F représente la direction de la force de projection du boulet, et que A E représente la direction de la pesanteur qui le pousse ou l'attire vers le centre de la terre.

Or, dire que ces deux forces, que nous supposons égales, agissent à angle droit, ce n'est pas dire qu'elles rapprochent le boulet du centre de la terre, ou qu'elles l'en éloignent ; c'est dire seulement qu'il se meut avec une vîtesse double ; et dire qu'il se meut avec une vîtesse double sans s'éloigner, et sans se rapprocher, c'est dire qu'il décrit un cercle. En effet, divisez ce cercle en petites parties égales, et tirez des rayons qui aboutissent à l'extrémité de chacune, vous verrez que, dire, à chaque division, que ces deux forces font parcourir au boulet des diagonales égales, c'est dire qu'elles le tiennent toujours à égale distance du centre, ou qu'elles lui font décrire un cercle.

La gravité, c'est ainsi qu'on nomme encore la force centripète, agit en raison

<small>La gravité ou l'attraction agit en raison directe de la q antité de matière.</small>

directe de la quantité de matière; c'est-à-dire que, deux corps s'attirent à proportion de leur masse. En effet, l'attraction n'est dans la masse, que parce qu'elle est dans chaque particule : elle sera donc double, triple, etc., lorsque la quantité de matière sera double, triple, etc., les distances étant d'ailleurs supposées égales.

<small>Bien suivant in-ver... la carré des distances.</small>

Je dis *les distances étant égales*; car l'attraction diminue encore suivant la distance. A deux de distance, un corps sera quatre fois moins attiré; à trois, neuf fois moins; à quatre, seize fois moins, et ainsi de suite. Il faut vous rendre cette proposition sensible.

<small>Exemple qui rend sensible cette dernière proposition. Fig. 35 Planche IV.</small>

Si, faisant passer la lumière d'une bougie par un petit trou, vous placez à un pied de distance la surface A d'un pouce carré, cette surface jettera sur B, qui est à deux pieds, une ombre de quatre pouces carrés; sur C, qui est à trois pieds, une ombre de neuf pouces; sur D, qui est à quatre pieds, une ombre de seize pouces; sur cinq, une ombre de 25; sur six, une ombre de 36. En un mot, l'ombre augmentera comme le carré des distances.

Mais puisque le corps A jette sur B une ombre de quatre pouces carrés, sur C une ombre de neuf, et sur D une ombre de seize, il s'ensuit que transporté en B, il ne recevra que la quatrième partie de lumière qu'il recevoit en A; en C que la neuvième; et en D que la seizième. La lumière décroit donc dans la même proportion que l'ombre augmente.

Si la lumière croissoit comme l'ombre, elle augmenteroit en raison du carré des distances : mais parce qu'elle décroit dans la même proportion que l'ombre augmente, on dit qu'elle agit en raison inverse du carré des distances.

Il en est de même de la chaleur, en supposant que l'action des rayons en est l'unique cause : car dans cette supposition si la terre étoit deux fois plus éloignée du soleil, elle seroit quatre fois moins échauffée, par la même raison qu'elle seroit quatre fois moins éclairée. A une distance triple, elle seroit neuf fois moins échauffée ; à une distance quadruple, seize fois moins, etc.; l'action de la chaleur est donc aussi en raison inverse du carré des distances.

Mais l'attraction, ainsi que la lumière et la chaleur, agit du centre à la circonférence. Elle agira donc encore en raison inverse du carré des distances, si elle augmente et décroît dans la même proportion, que la lumière et la chaleur. Or, c'est ainsi qu'elle augmente et décroît : l'observation le démontre. Mais parce que vous n'êtes pas encore en état de comprendre comment on a pu observer ce phénomène, il vous suffit, pour le moment, de le croire sur l'autorité des observateurs, et de le regarder avec eux comme un principe qui peut expliquer d'autres phénomènes.

La pesanteur, le poids, la gravité et la gravitation sont des effets de cette cause que nous nommons attraction. Tous ces mots signifient au fond la même chose, et ne diffèrent que par des accessoires que je vous ai expliqués (1).

Les phénomènes, que nous désignons par ces mots, suivent donc les lois de l'attraction; c'est-à-dire, que la pesanteur des

___

(1) Dans un dictionnaire des synonymes français.

corps célestes, leur poids, leur gravité, ou leur gravitation est en raison inverse du carré des distances. Je dis *des corps célestes*, parce que nous aurons occasion de remarquer que la gravitation des particules de la matière suit d'autres lois.

De ce que l'attraction agit en raison inverse du carré des distances, il s'ensuit que trois corps qui peseront une livre, l'un à deux rayons du centre de la terre, l'autre à trois, et l'autre à quatre, peseront à un rayon, le premier quatre livres, le second neuf, et le troisième seize. Car toutes ces propositions disent au fond la même chose, et ne diffèrent que par l'expression.

<small>Le poids d'un corps à une distance quelconque est en poids sur la surface de la terre, comme l'unité au carré de sa distance.</small>

Par conséquent, et c'est encore une proposition identique avec les précédentes, le poids d'un corps à une distance quelconque, est au poids qu'il auroit sur la surface de la terre, comme l'unité au carré de sa distance. Si je veux donc savoir ce que peseroit sur la surface de la terre, un corps qui, à 60 rayons, ne peseroit qu'une livre, je n'aurai qu'à multiplier 60 par 60, et j'aurai le carré 3600 : si, au contraire, sur la surface, il ne pesoit qu'une livre, il ne peseroit, à 60 rayons, que la 3600e. partie d'une livre.

La vitesse avec laquelle un corps descend, est en raison inverse du carré de sa distance.

Or la pesanteur est la force qui détermine la vitesse avec laquelle un corps descend. Connoissant donc la vitesse d'un corps à la surface de la terre, je connoîtrai sa vitesse à toute autre distance, à 60 rayons, par exemple. Je n'aurai qu'à faire ce raisonnement.

Un corps près de la surface, descend d'une perche en une seconde ; or, à 60 rayons il a 3600 fois moins de force : il ne descendra donc que de la 3600e. partie d'une perche.

Si je veux savoir dans quel temps il doit parcourir à cette distance les 3600 parties, ou la perche entière, je n'ai qu'à me rappeler que les espaces parcourus sont comme les carrés des temps. Donc les espaces étant 3600 parties, le temps sera 60 secondes, racine carrée de 3600.

En ne faisant que des calculs, l'identité n'en est que plus sensible ; continuons donc d'aller de propositions identiques en propositions identiques, et voyons où nous arriverons.

La lune est à 60 rayons : donc elle descendroit d'une perche en une minute ; et de 3600 en 60 minutes ou une heure, si elle étoit abandonnée à son poids ; c'est-à-dire, si elle étoit mue par la seule force qui la porte vers la terre : il suffiroit, dans cette supposition, de calculer d'après les lois de l'accélération du mouvement, pour déterminer le temps de sa chûte.

Quelle est la force centripète de la lune.

Mais si dans une heure son poids ou sa force centripète doit la faire descendre de 3600 perches, il est évident qu'elle ne décrira une orbite à la distance de 60 rayons, qu'autant qu'elle aura une force centrifuge capable de l'écarter de 3600 perches en une heure.

Quelle est la force centrifuge.

Nous connoissons donc quelle est la force centrifuge de la lune, et quelle est sa force centripète. Nous savons d'ailleurs qu'elle achève sa révolution en 27 jours et 7 heures. Cela étant, nous pouvons déterminer son orbite.

Si nous supposons que AB soit l'espace dont elle tomberoit en un jour, étant abandonnée à son propre poids, nous avons un des côtés du parallélogramme dont

Fig. 36. Comment on connoît l'orbite qu'elle décrit.

elle doit décrire la diagonale. Mais comme A B représente la force centripète, A C perpendiculaire à A B représente la force de projection; et C D parallèle, et égale à A B achève le parallélogramme et représente la force centrifuge. Il est donc évident que A D est la courbe que les forces combinées doivent, en un jour, faire parcourir à la lune. Par conséquent, nous aurons à peu près l'orbite de cette planète, si, négligeant les heures pour simplifier, nous traçons un cercle, dont A D soit la 27e. partie.

Comment les observations confirment les calculs qu'on fait à ce sujet.

Vous voyez actuellement comment des observations sur la pesanteur, conduisent à connoître les forces centrales de la lune, et la courbe qu'elle décrit autour de la terre. Mais pour nous assurer de la vérité de ces calculs, il faut que les observations les confirment; et si elles font découvrir du plus ou du moins dans le mouvement de la lune, il faut qu'elles en indiquent une cause qui ne soit pas contraire aux calculs : c'est ce qui est arrivé.

Pourquoi il est difficile d'expliquer les irrégularités apparentes de la lune.

Tous les calculs que nous venons de faire seroient confirmés par les observations, si la lune ne gravitoit que vers la terre, et décrivoit un cercle dont nous serions le centre. Mais, premièrement, la lune gravite encore vers le soleil; en second lieu, elle ne décrit pas un cercle, mais une ellipse; enfin, la terre n'est pas au centre de l'ellipse, mais dans un des foyers. Toutes ces considérations rendent les calculs si difficiles, qu'on n'a pas encore pu expliquer, avec précision, toutes les irrégularités apparentes du mouvement da la lune.

La lune étant en A et la terre en T, le soleil S, les attire également, parce qu'il est à égale distance de l'une et de l'autre. Dans ce cas, rien n'altérera la gravité de la lune vers la terre. Mais si la lune est en B, elle sera plus attirée par le soleil, parce qu'elle en est plus près, et, par conséquent, elle gravitera moins sur la terre. En C le poids de la lune, vers la terre, sera le même qu'en A. Enfin, en D, la terre étant plus attirée par le soleil, s'éloignera de la lune, qui, par cette raison, pesera moins vers la terre. C'est ainsi que dans tous les points de l'orbite, excepté

Fig. 37.
Effet de l'attraction du soleil sur la lune.

A et C, l'action du soleil tend plus ou moins à écarter ces deux planètes. Ajoutons que cette action varie encore suivant que la terre et la lune, qu'elle entraîne dans sa révolution, s'approchent ou s'éloignent du soleil. Par-là vous commencerez à comprendre que le mouvement de la lune doit être tantôt accéléré, tantôt retardé, et que l'orbite qu'elle décrit ne peut pas être bien régulière.

Il est inutile d'entrer dans de plus grands détails sur cette matière. Je me borne à vous donner des vues générales, propres à vous la faire approfondir, lorsque vous en aurez la curiosité, et que des études plus relatives à votre état, vous en laisseront le loisir.

CHAPITRE IV.

Des ellipses que les planètes décrivent.

La lune autour de la terre, les planètes et les comètes autour du soleil, décrivent des ellipses. Celle que je vais vous donner pour exemple, plus excentrique qu'aucune de celles des planètes, l'est moins que celles des comètes : mais elle suffit pour expliquer les unes et les autres, parce que les lois sont les mêmes pour toutes.

<small>Les eipses s'expliquent par une suite de propositions identiques avec ce qui a déjà été prouvé.</small>

Je vous ferai d'abord remarquer que ce que nous dirons pour expliquer ces ellipses, reviendra, pour le fond, à ce que nous avons déjà dit et prouvé, lorsque nous avons expliqué la courbe qu'on nomme *parabole ;* c'est-à-dire, que les corps célestes ne décrivent des ellipses que parce qu'obéissant à deux forces, dont les directions font toujours des angles, ils se meuvent de diagonale en diagonale.

Un corps jeté dans la direction A a, est attiré, par le soleil, dans la direction A S, c'est-à-dire, à angle droit : il ira donc, d'un mouvement accéléré, de A en B. Arrivé à ce point, la force de projection le feroit mouvoir dans la ligne B b ; mais il est attiré à angle aigu dans la direction B S ; son mouvement sera donc encore accéléré, et il ira de B en C. C'est ainsi que la direction de la force de projection le long des tangentes, faisant toujours un angle aigu avec la direction de la pesanteur, les deux forces réunies accéléreront le mouvement de la planète, jusqu'à ce qu'elle arrive en P.

Parvenue en P, la direction de la force de projection, le long de la tangente P p, fait un angle droit avec P S, direction de la pesanteur : la planète ira donc en F. Mais comme elle est venue de D en P, par un mouvement accéléré, elle va de P en F, par un mouvement retardé.

En F, la direction de la force de projection, le long de la tangente F f, fait un angle obtus avec F S, direction de la pesanteur : le mouvement sera donc encore

Fig. 38. Partie de l'ellipse, décrite par un mouvement accéléré.

Partie de l'ellipse, où le mouvement est retardé.

retardé; et il le sera jusqu'à ce que la planète revienne en A, parce que les angles seront toujours obtus.

Mais il faut remarquer que l'augmentation et la diminution des angles, n'est pas la seule raison qui accélère et qui retarde le mouvement. Car, de A en P, les angles ne décroissent que jusqu'à mi-chemin, comme ils ne croissent que jusqu'à mi-chemin de P en A. L'accélération et le retardement ont donc encore une autre cause. En effet, la planète accélère son mouvement, en venant de A en P, parce qu'elle s'approche plus du soleil qui l'attire en raison inverse du carré des distances; et elle retarde son mouvement en retournant de P en A, parce qu'elle est moins attirée par le soleil, à mesure qu'elle s'éloigne davantage.

L'augmentation et la diminution des angles n'est pas la seule cause qui accélère et qui retarde le mouvement.

CHAPITRE V.

Des aires proportionnelles aux temps.

Fig. 38. Ce qu'on entend par le rayon vecteur, et par les aires qu'il décrit.

L'AIRE d'un triangle est l'espace renfermé dans ses trois côtés. Tels sont les espaces A S B, B S C, etc. Lorsque la planète se meut de A par B, C, etc., on se représente le rayon S A comme une ligne, qui, s'élevant sur le centre S, porte la planète à l'autre bout; et qui, étant transportée avec elle, balaye, pour ainsi dire, chaque aire, à mesure que la planète en décrit le côté opposé au centre S. Ce rayon se nomme *rayon vecteur*, c'est-à-dire, qui porte. Voilà ce qu'on entend lorsqu'on dit qu'une planète décrit des aires autour du centre de son mouvement.

Les aires sont proportionnelles aux temps.

Tous les astronomes connoissent aujourd'hui que les aires décrites par une planète sont proportionnelles aux temps c'est-à-dire, égales en temps égaux. Képler est le premier qui ait découvert ce phénomène, et qui ait conjecturé que la gravitation vers le soleil en est la cause. Newton a démontré la vérité de cette découverte et de cette conjecture.

Lorsqu'une planète se meut circulairement autour d'un centre, elle parcourt des arcs de cercles égaux en temps égaux. Dans ce cas les aires, que balaye le rayon vecteur, sont non-seulement égales, elles sont encore semblables ; et cette ressemblance rend leur égalité sensible. Voilà ce qui doit arriver toutes les fois qu'une planète est transportée dans une orbite circulaire ; car alors, son mouvement n'étant ni accéléré ni retardé, il est évident que le rayon vecteur parcourt, en temps égaux, des aires égales et semblables.

<small>Cette vérité est sensible lorsqu'une planète se meut dans une orbite circulaire.</small>

C'est ainsi que paroissent se mouvoir les satellites autour de Jupiter. Il est vrai que, suivant leurs positions, ils doivent se détourner plus ou moins, car ils ne sont pas toujours à la même distance du soleil, ni à la même distance les uns des autres. Mais nous pouvons négliger ces inégalités, puisqu'elles ne sont pas assez considérables pour être observées au télescope.

Preuve de cette vérité, lorsqu'une planète se meut dans une ellipse.

Lorsque le cours de la planète se fait dans une ellipse, et que le centre du mouvement est dans l'un des foyers, le rayon vecteur décrit encore des aires égales. Cette égalité n'est pas d'abord si sensible, parce que les aires ne sont pas toutes semblables, et que vous ne trouverez de ressemblance, qu'entre celles qui se correspondent à égales distances du périhélie, et de l'aphélie.

Fig. 38.

Mais quoique les aires ne soient pas toutes semblables, elles sont toutes égales; les plus courtes regagnant en largeur ce qu'elles perdent en longueur. Vous pouvez le voir sensiblement dans une figure; mais il faut vous en donner une démonstration.

Vous savez que la mesure de l'aire d'un triangle, ou de l'espace renfermé entre les trois côtés, est le produit de la hauteur par la moitié de la base; et vous jugez, en conséquence, que les aires sont égales, lorsque les triangles ont même base et même hauteur.

Fig. 39.

Or supposons qu'un corps mu uniformément, parcourt, en temps égaux, les espaces égaux A B, B C : il est évident que les aires A S B, B S C, décrites par le rayon vecteur, sont égales, puisque ces deux triangles ont même base et même hauteur : même base, parce que B C est égal à A B ; et même hauteur, parce que la hauteur de l'un et de l'autre est la perpendiculaire tirée du sommet S sur la ligne A D.

Par conséquent, tant que ce corps continuera à se mouvoir dans la même ligne, et que les triangles auront leur sommet commun dans le même point, les aires continueront d'être égales, et elles ne différeront que parce qu'elles regagneront en longueur ce qu'elles auront perdu en largeur.

Or lorsque ce corps, au lieu d'une ligne droite, décrira une courbe autour du point S, où nous avons fixé le sommet des triangles, cette direction ne changera pas la grandeur des aires, elle en changera seulement la figure, leur faisant regagner en largeur ce qu'elles auront perdu en longueur. En effet, imprimons à ce corps, arrivé en C, une force capable, si elle agissoit seule, de le porter en E, dans le même temps que, par son mouvement uniforme, il auroit été de C en D; il est démontré par ce que nous avons dit ailleurs, que ce corps obéissant à ces deux forces, parcourra C F diagonale du parallélogramme CDFE, dans le même temps qu'il auroit parcouru C E ou C D. Le rayon vecteur décrira donc l'aire S C F. Or cette aire est égale à S C D, puisque les deux triangles ont une base commune dans C S, et qu'étant entre les deux parallèles C E et D F, ils ont encore une hauteur commune dans la perpendiculaire tirée de l'une de ces deux lignes à l'autre. Vous concevez que le même raisonnement démontre l'égalité des aires suivantes.

<small>Les aires ne sont égales aux temps que dans la supposition qu'une planète est constamment dirigée vers un même centre.</small>

Mais si la direction n'étant pas toujours exactement au point S, étoit par intervalles à quelque point voisin, les aires seroient nécessairement inégales ; car le corps, au lieu d'arriver dans la ligne D F, iroit dans le même temps au-delà de cette ligne, ou ne l'atteindroit pas; et, par conséquent, les aires décrites seroient ou plus grandes, ou moindres que S C D.

Il est donc prouvé que, lorsqu'un corps se meut dans une courbe, la direction constante au même point, démontre l'égalité des aires aux temps : d'où vous devez conclure l'inverse de cette proposition, c'est-à-dire, que l'égalité des aires aux temps, démontre qu'un corps est constamment dirigé vers le même point.

Cette vérité, une des plus importantes dans le système de Newton, est une loi dont la nature ne s'écarte jamais. Il suffit d'avoir observé avec Képler les satellites de Jupiter, et d'avoir remarqué avec lui que les aires décrites sont proportionnelles aux temps, et aussitôt on est assuré que les satellites sont toujours dirigés vers le centre de leur planète principale. De même la lune est dans tout son cours, dirigée vers le centre de la terre, si son rayon vecteur décrit toujours en temps égaux, des aires égales; et si on remarque quelqu'inégalité dans les aires décrites, il est prouvé que la lune n'est pas absolument dirigée vers le centre de notre globe. Enfin, on ne peut plus douter que toutes les planètes ne soient dirigées vers le centre du soleil, si un rayon, tiré de chacune d'elles à ce centre, décrit des aires

Conséquences qui résultent de cette vérité.

égales en tems égaux : il ne faut plus qu'observer.

<small>Pourquoi une comète ne tombe pas dans le soleil, et pourquoi elle ne s'échappe pas de son orbite.</small> Peut-être me demanderez-vous pourquoi une comète, étant à son périhélie, ne tombe pas dans le soleil; et pourquoi, à son aphélie, elle ne s'échappe pas de son orbite. En effet, dans une ellipse, telle que celle que je vous ai donnée pour exemple, elle est 6 fois plus près à son périhélie, et par conséquent, 36 fois plus attirée ; et dans son aphélie, elle est 6 fois plus loin, et 36 fois moins attirée. Mais remarquez qu'à proportion qu'elle est plus attirée, elle a une plus grande vîtesse ; et que la vîtesse ne peut augmenter, que la force centrifuge n'augmente également. Par une raison contraire, sa vîtesse diminue à proportion qu'elle est moins attirée, et par conséquent, la force centrifuge décroît en même raison.

Vous voyez par-là que plus l'ellipse est excentrique, plus la vîtesse varie de l'aphélie au périhélie. C'est ce qui arrive aux comètes : elles se meuvent rapidement dans la partie inférieure de leur orbite, le périhélie; lentement dans la partie supérieure, l'aphélie : et c'est cette accélération et ce retardement qui font décrire au rayon vecteur des aires proportionnelles aux temps.

Pour comprendre comment la gravitation des planètes et des comètes s'accorde avec la pesanteur des corps sur la terre, vous n'avez qu'à supposer que d'une partie de la surface du soleil on jette un corps, en sorte qu'il remonte jusqu'en A par la ligne B A : car, dans cette supposition, vous voyez qu'il s'élevera jusqu'en A avec un mouvement retardé, et qu'arrivé à ce point où la force de projection et la force qui l'attire vers le centre S, agissent à angle droit, il tombera avec un mouvement accéléré par la ligne A b. Si, à une certaine distance du soleil, vous jetez ce même corps dans une direction parallèle à B A, il ira, par exemple, de C en D; et continuant dans cette courbe, il décrira l'ellipse C D c. Ce sont-là des conséquences de ce que nous avons dit plus haut, ou des propositions identiques avec des propositions que nous avons démontrées.

Fig. 40. Sa gravitation obéit aux mêmes lois, que la pesanteur auprès de la surface de la terre.

Cependant il ne faut pas croire que les comètes et les planètes doivent éternelle-

Les planètes et les comètes doivent continuellement se rapprocher du soleil.

ment se mouvoir dans les orbites qu'elles ont une fois parcourus. Cela seroit vrai, si elles étoient transportées dans un milieu parfaitement vide, où elles ne trouvassent aucune sorte de résistance ; mais la lumière qui traverse tous les espaces célestes, et peut-être des particules subtiles qui s'échappent des comètes et des planètes, ne peuvent-elles pas être un obstacle au mouvement de ces corps qui roulent autour du soleil ? Cette résistance, il est vrai, sera des milliers de fois moindre que celle que produiroit l'air qui environne la terre ; mais enfin c'est une résistance. La force projectile de ces corps, et par conséquent leur force centrifuge, diminue donc à proportion de ces obstacles ; et si l'attraction du soleil, ou la force centripète, reste toujours la même, il faut que toutes les planètes s'approchent continuellement du soleil, quoique d'une manière insensible. Il ne faut donc plus qu'un certain nombre d'années pour voir toutes les planètes tomber successivement dans le soleil. C'est ce qui a fait dire à Newton que le monde ne subsistera qu'autant que dieu remontera cette immense machine. J'ajouterai même qu'il y a des astronomes qui croyent déjà avoir observé quelques petites altérations dans l'orbite des planètes. Ce sont-là des conjectures. Voyons cependant comment une comète peut tomber dans le soleil.

On a observé que le soleil a une grande atmosphère. Sa surface, à cause de sa chaleur immense, doit pousser au-dehors des écoulemens qui, flottant tout autour, forment un milieu pour le moins aussi dense que notre air.

Comment une comète peut tomber dans le soleil.

Soit A B C l'orbite d'une comète, et B L M l'atmosphère du soleil. Lorsque la comète vient de l'aphélie A au périhélie B, elle trouve en B une résistance qui diminue sa force projectile. L'attraction du soleil donnera plus de courbure à son orbite, et elle remontera par b, au lieu de passer par C : décrivant donc une ellipse plus allongée, elle s'élevera jusqu'en a. Alors retombant en B, elle se rapprochera encore davantage; et s'échappant par D, elle ira en E, d'où elle descendra dans le soleil par la ligne E S. Il est donc possible que des comètes

Fig. 41.

tombent dans le soleil. Les Newtoniens conjecturent même que cela arrive, et ils le croyent nécessaire pour nourrir cet astre, qui s'épuiseroit insensiblement, puisqu'en répandant la lumière il perd continuellement de sa substance.

Si la comète décrivoit une orbite, telle que celle que nous avons tracée plus haut, il faudroit bien des milliers d'années pour altérer sa révolution, au point de la faire tomber dans le soleil.

L'excentricité des orbites des planètes est assez sensible pour être observée.

Quoique les orbites des planètes soient presque circulaires, cependant, comme les foyers des ellipses sont éloignés l'un de l'autre, l'excentricité est assez sensible pour être observée. C'est pourquoi, dans l'hémisphère du nord, notre demi-année d'hiver, où nous passons par le périhélie, est de huit jours plus courte que notre demi-année d'été.

Les révolutions sont plus courtes, à proportion que les planètes sont plus près du soleil.

Par tout ce que nous avons dit, vous comprenez que les planètes doivent achever leurs révolutions dans un temps d'autant plus court, qu'elles sont plus près du soleil. En effet, dès que la planète est plus près, sa force centripète qui augmente, exige que sa force centrifuge augmente également; et ces deux forces ne peuvent manquer de la transporter avec plus de vîtesse. Cela est confirmé par les observations.

CHAPITRE VI.

Du centre commun de gravité entre plusieurs corps, tels que les planètes et le soleil.

<small>On retrouve la balance dans la révolution de deux corps autour d'un centre commun de gravité.
Fig. 42.</small>

L'ATTRACTION est dans les corps en raison de la quantité de matière. Donc deux corps égaux en masse et placés dans le vide, peseront également l'un sur l'autre; A, par exemple, attirera B avec la même force qu'il en sera attiré; et, par conséquent, ils s'approcheront avec des vitesses semblables, et se joindront au point milieu C.

Si A a une masse double, il attirera doublement B : il lui donnera donc une vitesse double de celle qu'il en reçoit; et le point de réunion sera d'autant plus près de A, que sa masse sera plus grande que celle de B.

A a son centre de gravité dans B sur lequel il pèse, et B a le sien dans A sur lequel il pèse aussi : mais, par cette attraction réciproque, ils sont précisément comme si, ne pesant point l'un sur l'autre, ils pesoient chacun uniquement sur le point où ils tendent à se réunir; et si nous supposions un troisième corps, A et B peseroient sur lui, comme si leurs deux centres de gravité étoient réunis dans le point vers lequel ils s'attirent réciproquement. En effet, supposons A et B contenus par un fléau qui les empêche de se rapprocher, et suspendons ce fléau par le point où ils se seroient réunis, nous aurons une balance, dans laquelle A et B seront en équilibre, parce que la distance de A à ce point, sera à la distance de B au même point, comme la masse de B à la masse de A; et ils peseront sur un troisième corps, comme si toute leur gravité étoit ramassée dans le centre de suspension.

Or vous pouvez vous représenter la lune et la terre aux deux bouts de ce fléau, et imaginer que vous les tenez suspendues au dessus du soleil, comme vous tenez deux corps suspendus avec une balance : car l'équilibre aura lieu dans l'un et l'autre cas, si les distances, au point de suspension, sont en raison inverse des masses.

Dans la révolution, par exemple, de la lune et de la terre autour de leur centre commun.

Voilà donc la lune et la terre en équilibre aux deux bouts d'un fléau, qui est suspendu au-dessus du soleil. Mais si la force de l'attraction et la force de projection combinées, produisent précisément le même effet que le fléau suspendu, il s'en suivra qu'en raisonnant sur les révolutions des corps célestes, nous ferons des propositions identiques avec ce que nous avons dit en raisonnant sur la balance.

Or la lune et la terre étant à 60 rayons l'une de l'autre, lançons-les avec une force dont la direction fasse un angle droit avec la direction de leur gravité réciproque ; alors, au lieu de se joindre, elles tourneront autour d'un centre commun : la force de projection, combinée avec la pesanteur, fera donc l'effet d'un fléau qui les tiendroit écartées ; et le centre de leur révolution sera le même point qui auroit été dans le fléau le centre de suspension. Par conséquent, comme, en les pesant dans une balance, la terre, ayant environ 40 fois plus de matière, ne seroit en équilibre avec la lune, qu'autant qu'elle seroit environ 40 fois plus près du centre de suspension ;

de même l'equilibre ne sera conservé entre ces deux planètes autour d'un centre de révolution, qu'autant que la terre sera environ 40 fois plus près du centre.

Vous appercevez donc une balance dans la révolution de la lune et de la terre autour du centre commun de gravité : vous en appercevrez une également dans la révolution de ces deux planètes autour du soleil.

Et dans la révolution de ces deux planètes autour du soleil.

Lorsque vous les teniez suspendues aux deux bouts d'un fléau, elles ne pouvoient tomber vers cet astre qu'autant que le centre de suspension tomboit lui-même. Si vous vouliez donc imaginer un fléau, qui les empêchât de se joindre au soleil, il faudroit qu'un des bouts fût dans cet astre, et l'autre dans le centre de suspension des deux planètes ; et si vous vouliez trouver le point par où vous voudriez suspendre ce fléau, pour mettre ces deux poids en équilibre, vous chercheriez celui où la distance du soleil est à la distance des planètes, comme la masse des planètes est à la masse du soleil. Alors saisissant cette balance, vous tiendrez le soleil en équilibre avec le centre de gravité commun aux deux planètes.

Mais comme une force de projection a fait mouvoir les deux planètes autour de leur centre commun de gravité, une autre force de projection, imprimée tout-à-la fois à ce centre et au soleil, fera mouvoir ce centre et le soleil autour d'un autre centre de gravité. Il suffira de les lancer avec des forces qui soient capables de contrebalancer l'action de leur pesanteur réciproque.

C'est ainsi que la terre, placée à onze mille diamètres du soleil, c'est-à-dire, à environ trente-trois millions de lieues, fait sa révolution annuelle. Mais il faut remarquer que, vu la supériorité de la masse du soleil, cette distance est trop petite pour porter hors de cet astre le centre commun de gravité: il est donc au-dedans; et nous pouvons, sans erreur sensible, regarder le soleil comme en repos.

Différentes situations de la lune et de la terre pendant leur révolution autour du soleil. Fig 41.

Pour nous représenter dans cette supposition la révolution de la lune et celle de la terre, soit le soleil en S : que le centre commun de gravité de la lune Q, lorsqu'elle est en son plein, et de la terre M, soit en F : que lorsqu'après une lunaison entière, la lune se trouvant de nouveau dans son plein, le même centre soit en A ; et qu'enfin F D A soit l'orbite que ce centre décrit autour du soleil.

Si nous partageons ensuite la lunaison en 4 parties égales, après la première, le centre de gravité sera en E, la lune en *p*, la terre en L ; après la seconde, la lune étant nouvelle, le centre de gravité sera en D, la lune en R, la terre en I ; dans la quadrature suivante, le centre de gravité sera en B, la lune en *o*, la terre en H ; enfin, quand la lune se trouvera dans son plein, le centre de gravité étant supposé en A, la lune sera en N, la terre en G : propositions qui sont toutes fondées sur la révolution de la terre et de la lune autour d'un centre de gravité, qui décrit une orbite autour du soleil.

Il paroît donc que la terre parcourt la courbe M L I H G : mais parce que cette irrégularité est trop peu considérable pour pouvoir être apperçue, nous pouvons supposer, sans erreur sensible, que le centre de la terre parcourt l'orbite F D A; car M F, ou D I, qui marque la plus grande distance où la terre peut se trouver de cette orbite, n'est qu'environ la 40.ᵐᵉ. partie de la distance M Q, qui, elle-même, n'est pas la 300.ᵐᵉ. de la distance F S. C'est pourquoi on regarde la terre comme au centre des révolutions de la lune, et comme parcourant elle-même l'orbite décrite par le centre de gravité.

<small>Comment on détermine à peu près le centre commun de gravité entre les planètes et le soleil.</small>

Jetons successivement et dans une direction à peu près semblable à celle de la Terre, Mercure, Vénus, Mars, Jupiter et Saturne; Mercure à 4257 diamètres, Vénus à 7953, Mars à 16764, Jupiter à 57200, et Saturne à 104918; ce sont à peu près les distances moyennes où ces planètes sont du soleil.

D'après ces suppositions, il me sera aisé de vous faire concevoir comment on détermine un centre commun de gravité entre tous ces corps. Je vous avertis cependant que mon dessein n'est pas de vous donner ur ce sujet les idées les plus précises: elles demanderoient des calculs dans lesquels nous ne devons entrer ni l'un ni l'autre. Il me suffira donc de vous faire connoître la manière dont on raisonne.

Plus un corps a de masse, plus il est près du centre commun de gravité. Or le soleil a un million de fois plus de matière que Mercure; sa distance est donc un million de fois moindre. Mais la distance de Mercure au soleil étant 4257, vous ne sauriez rapprocher le centre commun de gravité un million de fois plus près du soleil, que vous ne le placiez à une très-petite distance du centre de cet astre.

En effet, si ces deux corps étoient égaux, le centre commun de gravité seroit à 2128 environ du centre de chacun. Le centre commun de gravité se rapprochera donc du centre du soleil, à mesure que vous augmenterez la masse de cet astre. Augmentée un million de fois, ce centre sera un million de fois plus près du centre du soleil.

Supposons maintenant 4257 divisé en un million de parties : une seule de ces parties mesurera la distance où le centre du soleil est du centre de gravité.

La masse de Vénus étant à celle du soleil comme 1 à 169,282, elle attirera un peu en avant le centre des trois corps; la Terre et Mars, par la même raison, l'attireront encore davantage : mais parce que Jupiter a une grande masse, et qu'il est d'ailleurs encore plus éloigné du soleil, le centre de gravité du soleil et de Jupiter sera un peu hors de la surface du soleil ; et, par conséquent, le centre de gravité des cinq corps sera porté encore plus en avant. Mais parce que la masse de Saturne n'est qu'environ le tiers de celle de Jupiter, le centre commun de gravité seroit un peu en dedans de la surface, si nous supposions qu'il n'y eut que cette planète et le soleil. Quand nous considérerons tous ces corps ensemble, et que nous placerons toutes les planètes du même côté, le centre commun s'éloignera encore de la surface. Il rentrera au contraire dans la surface, lorsque Jupiter sera d'un côté et Saturne de l'autre, quelle que soit d'ailleurs la position des autres planètes ; car elles sont trop près, et elles ont trop peu de matière, pour attirer en dehors le centre commun de gravité. Or c'est ce centre qui est en repos dans notre système, et non celui du soleil : c'est pourquoi cet astre a une espèce de mouvement d'ondulation.

La masse de Jupiter surpasse si fort celle de ses satellites, que le centre commun des cinq corps n'est guère éloigné du centre de cette planète. La même observation a lieu sur Saturne, par rapport à ses satellites et à son anneau.

Concluons que pour changer le centre commun de notre système, il suffiroit d'ajouter ou de retrancher une planète, et que ce changement seroit plus ou moins considérable à proportion de la masse et de la distance de la planète ajoutée ou retranchée.

CHAPITRE VII.

De la gravitation mutuelle des planètes entre elles, et des planètes avec le Soleil.

<small>Irrégularité que l'attraction du soleil produit dans le mouvement de la lune.
Fig. 43.</small>

Tous les corps de notre systême agissent et réagissent les uns sur les autres en raison inverse du carré de leurs distances, et en raison directe de leurs masses.

Lorsque la lune se trouve dans son premier et dans son dernier quartier, elle est précisément comme si elle n'étoit attirée que par la terre, puisque ces deux corps sont alors également attirés par le soleil.

Mais quand elle passe de son second quartier au point où elle est en conjonction, elle précipite son mouvement, parce qu'elle est plus attirée vers le soleil; comme elle le ralentit, quand elle va à son premier quartier, parce que le soleil l'attire moins.

Enfin, quand de son premier quartier elle va au point où elle est en opposition, pour revenir à son second quartier, son mouvement s'accélère encore, parce qu'elle obéit d'autant plus à l'attraction de la terre, qu'étant plus éloignée du soleil, elle en est moins attirée. Ajoutez à tout cela que cette double attraction produit encore des effets différens, suivant que la terre est dans son périhélie ou dans son aphélie.

Cette accélération et ce retardement du mouvement de la lune, sont donc un effet de l'attraction du soleil combinée avec l'attraction de la terre; et la lune décriroit des aires proportionnelles aux temps, si elle n'étoit attirée que par notre globe. Les irrégularités de son cours ne sont donc pas une difficulté contre le sytême de Newton elles le confirment au contraire.

Quelqu'éloignés que les satellites de Jupiter et de Saturne soient du soleil, ils sont assujettis à la même loi ; mais ils le sont d'autant moins, qu'ils sont à une plus grande distance : et quoique l'action du soleil ne puisse manquer d'altérer quelque peu leur cours, elle est si peu de chose en comparaison de l'action de Saturne et de Jupiter, que cette altération n'est pas sensible au télescope.

Pourquoi les irrégularités, qu'elle cause dans les satellites de Jupiter et de Saturne, ne sont pas sensibles.

Irrégularités produites dans le cours des planètes par leur gravitation mutuelle.

Puisque les planètes agissent et réagissent aussi les unes sur les autres, elles doivent altérer mutuellement leur cours; et on remarque cette altération dans le cours de Saturne et dans celui de Jupiter, lorsque ces planètes sont toutes deux du même côté. Si l'on n'observe pas la même chose à l'occasion des autres planètes, c'est que leur masse étant beaucoup plus petite, l'action réciproque des unes sur les autres ne peut pas changer d'une manière assez sensible le cours que l'attraction du soleil leur prescrit. Le cours des comètes et celui des planètes doivent aussi s'altérer réciproquement, lorsque les comètes passent dans le voisinage des planètes.

CHAPITRE VIII.

Comment on détermine l'orbite d'une planète.

Si nous supposons d'abord qu'une planète décrit un cercle, dont le soleil est le centre, elle parcourt, en temps égaux, des arcs égaux; et si nous divisons le temps de sa révolution en parties égales, les aires sur lesquelles son rayon vecteur glissera, seront non-seulement égales, elles seront encore semblables. On fait d'abord une première hypothèse,

Voilà l'hypothèse que les astronomes ont d'abord faite, d'après leurs premières observations, et qu'ils ont ensuite abandonnée, lorsqu'ils ont eu mieux observé. En effet, elle ne s'accorde point avec le mouvement tantôt accéléré et tantôt retardé, qu'on observe dans le cours des planètes. Que l'observation détruit.

Il y a deux choses à remarquer dans cette accélération et dans ce retardement : l'une, qu'une planète est tantôt plus près, et tantôt plus loin du soleil; l'autre, que son rayon vecteur parcourt en temps égaux des aires égales. Or il est évident par tout ce que nous avons dit pour expliquer les ellipses, qu'elle ne peut se mouvoir ainsi, qu'autant qu'elle décrit une orbite elliptique, dont un des foyers est le centre de la révolution.

<small>Fig. 44.
Et on fait des hypothèses jusqu'à ce qu'elles soient confirmées par les observations.
Planche V.</small>

Au lieu donc de représenter l'orbite de la planète par un cercle tel que A B C b, les astronomes l'ont représentée par une ellipse, A m C n. Ils ont d'abord tracé cette ellipse d'après les hypothèses, qui paroissoient leur être indiquées par les observations; et ensuite ils ont observé de nouveau pour s'assurer de la vérité de leur hypothèse, ou pour en reconnoître l'erreur. Lorsqu'ils ont vu que le cours de la planète ne s'accordoit pas avec l'ellipse qu'ils avoient imaginée, ils ont fait de nouvelles suppositions, pour corriger leurs méprises. Si, par exemple, l'ellipse étoit trop renflée, ils l'applatissoient; si elle étoit trop applatie, ils la renfloient. C'est ainsi que d'observations en hypothèses, et d'hypothèses en observations, ils ont enfin réussi à tracer l'orbite d'une planète. Vous jugez qu'une pareille recherche demande beaucoup de sagacité et beaucoup de calculs, et c'est assez pour vous aujourd'hui que vous en portiez ce jugement.

CHAPITRE IX.

Du rapport des distances aux temps périodiques.

Il y a nécessairement un rapport entre les distances et les temps périodiques.

Deux corps étant à une certaine distance, et une force de projection leur étant communiquée, ils seront transportés autour d'un centre commun; et si vous supposez que les forces centripètes et les forces centrifuges ne sont pas égales, les deux corps se rapprocheront ou s'éloigneront, jusqu'à ce que ces deux forces se balancent l'une et l'autre, et mettent l'équilibre entr'eux.

Dès-là tout est déterminé, et la distance de ces corps, et les orbites qu'ils décrivent, et la vîtesse avec laquelle ils les parcourent.

En effet, les lois de l'équilibre déterminent les différentes distances où chaque planète est du centre de sa révolution: les différentes distances déterminent les différens points de son orbite; et les différens angles que fait la direction des forces, déterminent la vîtesse dans chaque portion de la courbe. Il doit donc y avoir un rapport entre la distance et le temps périodique d'une planète, qui, étant plus près du soleil, achève sa révolution, par exemple, en trois mois, et la distance et le temps périodique d'une planète, qui, étant plus éloignée, achève sa révolution en trente ans.

Képler a le premier découvert ce rapport. Il observa la distance des satellites de Jupiter, et le temps de leur révolution : il remarqua que les carrés des temps périodiques sont entr'eux, comme les cubes des distances. *Képler l'a découverten observant les satellites de Jupiter.*

En observant les planètes, cette loi s'est généralisée : les carrés de leurs révolutions autour du soleil sont toujours comme les cubes de leurs distances. *Les planètes confirment cette observation.*

Enfin Neuwton a calculé, et sa théorie a rendu raison d'une loi prouvée par les observations. *Newton la démontre par sa théorie.*

Nous avons vu que l'attraction et la pesanteur agit en raison inverse du carré des distances, ou pour s'exprimer autrement, que son action diminue en même proportion que le carré de la distance augmente. *Avec la loi qui suit l'attraction et les deux analogies de Képler, il explique le système du monde.*

Nous avons vu aussi que les planètes décrivent, dans leurs cours, des aires proportionnelles aux temps.

Enfin, nous venons de voir le rapport des temps périodiques aux distances. Or, Monseigneur; toutes ces lois s'accordent avec les phénomènes, et se démontrent les unes par les autres; il ne faut qu'observer et calculer pour s'en convaincre. Les deux dernières sont ce qu'on nomme les analogies de Képler.

Aidé de ces principes, Newton trace aux planètes le chemin qu'elles doivent suivre; il leur fait décrire des ellipses autour du soleil qu'il place dans un des foyers; et l'observation prouve qu'elles sont assujetties aux lois qu'il leur donne.

Il voit encore les comètes, lorsqu'elles échappent au télescope : à peine on lui montre quelques-uns des points où elles ont passé, qu'il les suit rapidement dans des ellipses immenses, et il nous apprend à prédire leur retour. Il ne faut plus que des observations pour achever de confirmer ses résultats à cet égard, ou pour corriger ses méprises.

On connoît, par exemple, l'orbite de la lune, et le temps de sa révolution autour de la terre; on sait que cette orbite et le temps périodique sont un effet de la force de projection et de la pesanteur : on sait ce que la lune pèse à 60 rayons, et ce quelle peseroit sur la terre : on sait quelle est sa vîtesse dans un cas, et qu'elle seroit sa vîtesse dans l'autre; et soit qu'on observe, soit qu'on calcule, les résultats sont les mêmes. C'est ainsi que toute la théorie de ce système est démontrée par l'évidence de fait et par l'évidence de raison.

CHAPITRE X.

De la pesanteur des corps sur différentes planètes.

<small>On est parvenu à déterminer le poids des mêmes corps sur différentes planètes.</small> C'EST une chose bien étonnante qu'on soit parvenu à peser en quelque sorte les corps célestes. Mais croiriez-vous qu'on détermine à peu près le poids, qu'auroient sur la surface de Saturne et celle de Jupiter, les corps que nous pesons sur notre globe? Pouviez-vous prévoir que nous nous élèverions à ces connoissances, lorsque vous avez vu avec quelle ignorance nous avons commencé? Mais lorsque nous observons et que nous raisonnons, transportés, pour ainsi dire, d'une planète dans l'autre, nous prenons la balance et nous pesons.

Ces recherches demandent sans doute bien des calculs. Je n'entreprendrai pas de vous faire entrer dans tous ces détails: vous n'avez pas encore la main assez sûre pour tenir la balance; et c'est beaucoup de vous faire voir dans l'éloignement, Newton pesant l'univers et ses parties.

Le poids d'un corps sur une planète n'est que l'effet de la force attractive qui agit de la planète sur le corps, et réciproquement du corps sur la planète.

<small>Le poids d'un corps est plus grand à la surface d'une planète qu'à toute autre distance.</small>

Cette force est dans chaque particule ; elle est donc composée d'autant de forces particulières, qu'il entre de parties dans chaque masse. C'est donc une conséquence, qu'à distances égales, l'attraction soit toujours en proportion avec la quantité de matière.

Il suit de-là que le poids des mêmes corps est plus grand à la surface d'une planète, qu'à toute autre distance ; qu'il l'est plus qu'au-dessous de la surface même, quoique alors les corps soient plus près du centre. A, par exemple, si nous n'avions égard qu'au centre, devroit être d'autant plus attiré qu'il en seroit plus près : mais vous voyez que la matière qui s'étend au-dessus, en diminue nécessairement le poids, à proportion qu'étant en plus grande quantité, elle attire davantage.

<small>Fig. 45.</small>

Si les planètes sont égales en masse et en volume, les mêmes corps peseront également sur leurs surfaces.

<small>La masse et le diamètre d'une planète étant connus on peut juger du poids des corps à sa surface.</small>

Si, étant inégales en masse, elles sont égales en volume, les mêmes corps, placés à la surface, peseront plus sur l'une et moins sur l'autre, et cela en raison de la quantité de matière qu'elles renferment.

Si nous les supposons inégales en volume, mais égales en masse, les corps transportés des plus petites sur les plus grandes, peseront en raison inverse du carré des distances.

Enfin, dans le cas où elles seront tout-à-la fois inégales en masse et en volume, les corps peseront en raison directe de la quantité de matière, et en raison inverse du carré des distances.

Vous comprenez donc comment la masse et le diamètre des planètes étant connus, on peut juger du poids qu'auroit sur chacune un corps qui pèse ici une livre.

Sur la surface de Jupiter, un corps a le double du poids qu'il auroit sur notre globe.

Sur Jupiter, la plus grande de toutes les planètes, les poids augmentent; mais ce n'est pas dans la même proportion que Jupiter surpasse la terre en quantité de matière; car, si les corps qui sont à la surface, sont attirés par une plus grande masse, ils sont au moins attirés par le centre dont ils sont plus éloignés. Ainsi sur la surface de Jupiter, qui a 200 fois autant de matière que la terre, ou trouve que le poids d'un corps n'est que le double de ce qu'il est sur la surface de notre globe.

De même sur la surface de la lune, les corps pèsent plus à proportion que sur la surface de la terre : il est vrai que cette planète a 40 fois moins de matière ; mais aussi les points de sa surface sont moins éloignés du centre, puisque son diamètre est à celui de la terre comme 100 est à 365.

C'est ainsi que d'après la masse et le diamètre d'une planète on juge du poids des corps à sa surface. Mais il est à propos de vous avertir que dans ces choses il n'est pas possible de saisir la vérité dans une précision exacte ; il faut se contenter d'en approcher, et vous conviendrez que c'est beaucoup.

CHAPITRE XI.

Conclusion des chapitres précédens.

<small>L'univers n'est qu'une balance.</small> QUE l'homme, Monseigneur, est tout-à-la fois ignorant et sublime! Pendant que chaque corps paroît se cacher à lui, l'univers se dévoile à ses yeux, et il saisit le systême de ces choses, dont la nature lui échappe. Placez en équilibre ce fléau de balance sur la pointe d'une aiguille, vous ferez du bout du doigt tourner autour d'un même centre les corps qui sont aux extrémités : voilà, en quelque sorte, l'image de l'univers, et c'est ainsi que Newton le soutient et le fait mouvoir.

Pour peu que vous réfléchissiez sur la balance, le levier, la roue, les poulies, le plan incliné et le pendule, vous verrez que ces machines et d'autres plus composées, se réduisent à une seule, la balance ou le levier. L'identité est sensible; elles prennent différentes formes pour produire plus commodément des effets différens : mais dans le principe, toutes ne sont qu'une même machine.

Or notre univers n'est qu'une grande balance. Le soleil, arrêté au bras le plus court, est en équilibre avec les planètes placées à différentes distances; et tous ces corps se meuvent sur un point de suspension ou d'appui, qu'on nomme centre commun de gravité; car point de suspension, point d'appui et centre de gravité, sont au fond la même chose.

Cette comparaison suffit pour vous faire comprendre comment toutes ces masses sont réglées dans leur cours par cette même force qui fait tomber ce cahier, si vous cessez de le soutenir. La pesanteur est la loi générale : c'est par elle que le soleil emporte autour de lui Mercure, Vénus, la Terre, Mars, Jupiter, Saturne, leurs lunes ou leurs satellites, et les comètes.

Or comme toutes les machines; depuis la plus simple jusqu'à la plus composée, ne sont qu'une même machine, qui prend différentes formes pour produire des effets différens; de même les propriétés qu'on

<small>Toutes les vérités possibles se réduisent à une seule.</small>

découvre dans une suite de machines, toutes plus composées les unes que les autres, se réduisent à une première propriété, qui, se transformant, est tout-à-la fois une et multiple. Car s'il n'y a dans le fond qu'une machine, il n'y a dans le fond qu'une propriété. C'est ce dont vous serez convaincu, si vous considérez que nous ne nous sommes élevés de connoissance en connoissance, que parce que nous avons passé de propositions identiques en propositions identiques. Or si nous pouvions découvrir toutes les vérités possibles, et nous en assurer d'une manière évidente, nous ferions une suite de propositions identiques, égales à la suite des vérités ; et par conséquent nous verrions toutes les vérités se réduire à une seule. S'il y a donc des vérités dont l'évidence nous échappe, c'est que nous ne pouvons pas découvrir qu'elles sont identiques avec d'autres vérités que nous connoissons évidemment ; et tout vous prouve que l'identité est, comme je l'ai dit, le seul signe de l'évidence.

Je me suis borné jusques à présent aux connoissances, que l'évidence de fait et l'évidence de raison nous donnent sur le système du monde. Il reste donc encore bien des choses à étudier. Je vous en enseignerai une partie, en traitant des autres moyens de nous instruire. Ce sera le sujet des livres suivans.

LIVRE QUATRIÈME.

Des moyens par lesquels nous tâchons de suppléer à l'évidence.

CHAPITRE PREMIER.

Réflexions sur l'attraction.

<small>Ce seroit une erreur de supposer que l'attraction suit toujours la même loi.</small>

Vous avez vu les lois que suit l'attraction, lorsqu'elle agit à des distances considérables : mais il y en a une autre qui agit à de fort petites distances, et dont les lois ne sont pas également connues.

Pourquoi l'attraction se montre-t-elle en général dans tout corps? C'est sans doute parce qu'elle est dans chaque particule, et c'est ce qui a fait remarquer que cette force est toujours proportionnelle à la quantité de matière. Il sembleroit donc qu'elle devroit toujours suivre la même loi, et, par conséquent, agir toujours en raison inverse du carré de la distance. Or cela n'est pas, et c'en est assez pour vous faire comprendre la nécessité de joindre l'observation au raisonnement : c'est le seul moyen de s'assurer d'une vérité physique.

Cependant à peine les philosophes ont trouvé une loi, confirmée par l'expérience dans quelques cas, qu'ils se hâtent de la généraliser, croyant tenir tout le secret de la nature. Si cette manière de philosopher est commode, elle n'est certainement pas la plus sage. Il faut généraliser, sans doute; c'est le seul moyen de saisir la chaîne des vérités, de mettre de l'ordre dans ses connoissances : mais la manie de généraliser a souvent égaré; elle est le principe de tous les mauvais systêmes. *Il faut être en garde contre la manie de généraliser.*

Les Newtoniens ne sont pas tombés à cet égard dans les plus grands excès; des expériences trop frappantes les en ont garantis : cependant tous ne sont pas exempts de reproches. En voulant tout rapporter au principe de l'attraction, ils se sont souvent contentés de raisons vagues, et *Les Newtoniens ne sont pas tout-à-fait exempts de reproches à cet égard.*

qu'on peut tout au plus regarder comme ingénieuses.

Attraction qui n'a lieu qu'au point du contact ou que très près de ce point.

Les petites parties de matière s'attirent fortement au point du contact, ou très-près de ce point; mais à une petite distance cette force décroît tout-à-coup, et devient nulle : des parties d'eau, par exemple, forment une goutte aussitôt qu'elles se touchent; et pour peu qu'elles soient écartées, elles n'agissent plus l'une sur l'autre. On ne fait pas les mêmes observations à l'occasion des particules d'air, de feu, et de lumière. Pourquoi donc ces fluides ne forment-ils pas des gouttes, si, comme on le suppose, l'attraction se trouve également dans toutes les parties de la matière? On ne dira pas sans doute que les particules de ces fluides ne se touchent jamais : on l'avanceroit sans preuve : il y a donc ici un mystère que nous ne saurions pénétrer. Je ne prétends pas conclure de là que les particules d'air, de feu, et de lumière ne sont pas sujettes à s'attirer mutuellement; je prétends seulement que nous n'en savons pas encore assez, pour appliquer également ce principe à toutes les particules de la matière: s'il est général, il ne produit pas toujours les mêmes effets; son action varie suivant les cas, et il se déguise au point qu'il faudra encore bien des expériences pour le reconnoître par-tout. Je vais vous donner quelques exemples de cette attraction qui agit à de petites distances.

Deux glaces polies, nettes et sèches, s'atta- *Exemples de cette attraction.* chent l'une à l'autre, et on ne les peut plus séparer qu'avec effort. La même chose arrive dans le vide; et c'est une preuve qu'on ne sauroit attribuer cette cohésion à la pression de l'air environnant.

Mettez entre ces glaces un fil de soie fort fin, il faudra moins de force pour les écarter. Séparez-les par deux fils tordus ensemble, par trois, vous trouverez encore moins d'obstacle. Cela paroît prouver que l'attraction réciproque de ces glaces diminue à proportion qu'elles sont plus éloignées l'une de l'autre.

Plongez un corps solide dans un fluide, et soulevez-le doucement; la liqueur y restera attachée, et formera une petite colonne entre le solide et la surface du liquide. Elevez le solide plus haut, la colonne se détache et tombe ; c'est que l'attraction, qui l'a soulevée, cède à la pesanteur.

Combien l'attraction agit différemment, suivant la variété des circonstances.

Je ne vous parlerai pas des expériences qui semblent prouver que l'attraction détourne de la ligne droite les rayons de lumière. Je ne vous parlerai pas non plus de l'attraction du magnétisme, ni de celle de l'électricité, qui agissent à des distances plus sensibles : toutes ces choses viendront dans leur temps. Je me contenterai seulement de vous faire remarquer que, dans tous ces cas, rien n'est moins uniforme que les lois que suit l'attraction ; et que vraisemblablement plus nous ferons d'expériences, plus nous trouverons que ce principe agit différemment.

Ce n'est pas à dire que ce principe ne soit pas général : car l'action d'une cause doit être différente suivant la différence des circonstances. Mais il faudroit voir toutes les circonstances, pour voir comment il agit dans toutes. Or j'ai bien peur que nous n'en sachions jamais assez. Il ne nous reste donc qu'à suspendre notre jugement.

Comment d'après l'attraction.

C'est cependant d'après un principe si peu

connu que des Newtoniens ont entrepris d'expliquer la solidité, la fluidité, la dureté, la mollesse, l'élasticité, la dissolution, la fermentation, etc. Je vais vous donner, en peu de mots, une idée de la manière dont ils raisonnent.

les Newtoniens expliquent la solidité et la fluidité.

Vous avez vu deux attractions; l'une qui agit à raison du carré de la distance, et l'autre qui n'agit qu'au point du contact, ou qui du moins s'évanouit à la moindre distance. C'est cette seconde attraction qui convient aux atômes, c'est-à-dire, aux plus petites parties dont on suppose que les corps sont composés.

Dès que ces particules ne s'attirent qu'au point du contact, leur force attractive doit être proportionnelle aux surfaces qui se touchent; et les parties un peu éloignées des surfaces ne contribuent en rien à la cohésion.

Or il y a, à proportion, plus de surface dans un petit corps que dans un grand. Vous voyez, par exemple, qu'un dé a six faces égales. Placez-en deux l'un sur l'autre, et considérez-les comme un seul corps double du premier, vous remarquerez que les faces ne sont pas comme les masses. Car dans le double dé, elles ne sont pas comme douze, double de six, mais seulement comme dix. Quelque jour la géométrie vous démontrera cette proposition; il me suffit, pour le présent, de vous en donner un exemple sensible.

Or supposons des atômes dont les surfaces soient planes, et d'autres dont les surfaces soient sphériques. Les premiers s'attacheront fortement, parce qu'ils se touchent dans tous les points de leur surface : voilà les corps solides formés. Les autres ne se touchent que dans un point infiniment petit : ils ne s'attacheront donc presque pas ensemble, et c'est de ces corpuscules que se forment les fluides, dont les parties cèdent au moindre effort.

La dureté. Varions la figure des atômes, la contexture variera dans les corps. Il y aura plus ou moins de vide, et les surfaces intérieures se toucheront dans plus ou moins de parties. De-là les corps plus ou moins durs.

La mollesse. Supposons qu'un corps soit comprimé par un poids, ensorte que les particules élémentaires, ayant été éloignées de leur premier point de contact, viennent à se toucher dans d'autres points; et qu'alors se collant ensemble dans une situation différente de celle où elles se trouvoient avant la pression, elles restent dans cette situation : un corps, qui se prête aussi facilement à toutes les formes qu'on veut lui faire prendre, est ce qu'on appelle un corps mou. L'élasticité.

Mais si la pression, assez grande pour déranger le premier contact, ne l'a pas été assez pour en produire un nouveau, les particules reprendront leur première situation, aussitôt que la pression cessera. Tel est le phénomène de l'élasticité.

Si les particules d'un corps dur, plongé dans un fluide, s'attirent réciproquement avec moins de force qu'elles ne sont attirées par les particules du fluide, il se dissoudra, et il se répandra çà et là en petites parties. Voilà la dissolution. La dissolution.

Si des corpuscules élastiques nagent dans un fluide, et s'attirent réciproquement, ils se heurteront et s'écarteront après le choc. Ainsi continuellement attirés et ré- La fermentation et l'ébullition.

fléchis, ils seront transportés en tout sens d'un mouvement toujours plus rapide. C'est ainsi que se fait la fermentation et l'ébullition.

<small>Défaut de ces explications.</small> Toutes ces explications sont fort ingénieuses; elles le sont même beaucoup plus que tout ce qu'on avoit imaginé avant le Newtonianisme. Mais nous ne trouvons point ici cette évidence qui résulte de l'accord du raisonnement et de l'observation; et dans cette occasion les Newtoniens imaginent plutôt qu'ils ne raisonnent.

Pourquoi avons-nous regardé l'attraction comme la cause du mouvement des corps célestes ? C'est que l'observation et le raisonnement conspirent ensemble : l'un et l'autre démontrent les lois suivant lesquelles ce principe agit. Mais lorsque nous considérons les particules de la matière, nous ne pouvons plus déterminer ces lois avec précision. Or si nous ne pouvons pas les déterminer, comment nous assurer que l'attraction est la seule cause des phénomènes ? Il se peut qu'elle le soit; mais ignorant la manière dont elle agit, comment nous en assurer ? Il n'y a point de règle pour bien raisonner, quand les observations manquent.

Tantôt l'action des corps qui s'attirent est en raison inverse du carré de la distance, tantôt elle n'est sensible qu'au point du contact. Pourquoi cette différence? Je conviens que les circonstances variant, le même principe doit agir suivant des lois qui varient également. Mais, encore un coup, quelle est la variété des circonstances, et quelle variété la différence des circonstances doit-elle mettre dans les lois. Voilà ce qu'il faudroit exactement connoître avant de raisonner sur les phénomènes.

Il n'y a vraisemblablement qu'un seul principe : mais est-ce l'attraction ? En est-ce un autre ? C'est ce que nous ignorons. Supposons que ce soit l'attraction; il est au moins démontré que nous ne savons pas quelle en est la première loi. Ce n'est pas celle du carré, puisqu'elle n'a pas lieu par rapport aux particules de la matière ; ce n'est pas celle du contact, puisqu'elle ne se manifeste pas dans les phénomènes de ces corps qui roulent au-dessus de nos têtes: ni l'une ni l'autre n'est uniforme, ni universelle. Il y a donc une loi plus générale, dont celles-ci ne sont que des conséquences. Or quelle est-elle ?

Il reste donc à découvrir un principe plus général que l'attraction, ou du moins une loi plus générale que toutes celles qu'on a observées. Qu'on fasse des hypothèses, puisqu'on aime à en faire; mais que surtout on fasse des expériences, et peut-être on parviendra à de nouvelles découvertes. Newton a si fort reculé les bornes de nos connoissances, qu'on peut se flatter de les reculer encore; et il seroit aussi téméraire d'assurer qu'on ne peut plus rien découvrir, qu'il seroit peu raisonnable d'assurer qu'on a tout découvert.

Question vaine au sujet de l'attraction.

L'attraction existe, on n'en peut pas douter. Mais est-ce une qualité essentielle à la matière ? Est-ce une qualité primordiale ? Voilà, Monseigneur, une question qui tourmente les philosophes. Eh ! qu'importe qu'elle soit essentielle ou primordiale ? c'est un phénomène, et c'est assez. N'êtes-vous pas étonné de voir des hommes vouloir décider de ce qui est essentiel à une chose dont ils ne connoissent pas l'essence ? Toujours les philosophes s'occupent à disputer sur ce dont ils n'ont point d'idées: ils employoient le même temps à observer, la philosophie feroit plus de progrès.

Qu'est-ce donc enfin que l'attraction ? C'est un phénomène qui en explique plusieurs autres; mais qui est encore bien éloigné de les expliquer tous, et qui suppose lui-même, ou paroît au moins supposer un principe plus général.

CHAPITRE II.

De la force des conjectures.

Utilité des conjectures.

LES conjectures sont le degré de certitude le plus éloigné de l'évidence; mais ce n'est pas une raison pour les rejeter. C'est par elles que toutes les sciences et tous les arts ont commencé : car nous entrevoyons la vérité avant de la voir; et l'évidence ne vient souvent qu'après le tâtonnement. Le système du monde, que Newton nous a démontré, avoit été entrevu par des yeux qui n'avoient pu le saisir, parce qu'ils ne savoient pas encore assez voir, ou, pour parler avec plus de précision, parce qu'ils ne savoient pas encore regarder.

L'histoire de l'esprit humain prouve que les conjectures sont souvent sur le chemin de la vérité. Nous serons donc obligés de conjecturer, tant que nous aurons des découvertes à faire; et nous conjecturerons avec d'autant plus de sagacité, que nous aurons fait plus de découvertes.

Il y a ici, Monseigneur, des excès à éviter; car les philosophes peuvent être crédules par présomption, et incrédules par ignorance.

Excès à éviter.

Les uns, parce qu'on a l'évidence dans quelques cas, ne veulent plus rien croire lorsque l'évidence manque. Quelques-uns même se refusent à l'évidence; et parce qu'il y a des opinions incertaines, ils veulent que tous les systêmes soient incertains. D'autres enfin s'abandonnent aux plus petites vraisemblances : la vérité leur parle toujours, ils la voient, ils la touchent. Ce sont des hommes qui rêvent éveillés, et qui sont fort surpris, lorsqu'on ne rêve pas comme eux.

Les hommes se sont trompés de tant de façons, qu'on seroit presque tenté de croire qu'il ne reste plus de nouveau chemin pour s'égarer. La philosophie est un océan, et les philosophes ne sont souvent que des pilotes, dont les naufrages nous font connoître les écueils que nous devons éviter. Etant venus après eux, nous avons l'avantage de voguer avec plus de sûreté sur une mer où ils ont été plus d'une fois le jouet

Il faut quelquefois faire des conjectures pour arriver à l'évidence.

des vents. Sondons cependant avec soin ; et craignons de nous exposer dans des parages où nous ne saurions quelle route tenir.

Quand le temps est serein, un bon pilote ne s'égare pas : l'étoile polaire paroît placée dans les cieux, pour lui montrer par où il doit diriger sa course. Mais s'il n'a plus de guide sûr, quand les nuages obscurcissent les airs, il ne désespère pas pour cela de son salut : jugeant par estime du lieu où il est, et du chemin qu'il doit prendre, il conjecture, il avance avec plus de précaution, il ne précipite pas sa marche, il attend que l'astre qui doit le guider se montre à lui. C'est ainsi que nous devons nous conduire. L'évidence peut ne pas se montrer d'abord ; mais en attendant qu'elle paroisse, nous pouvons faire des conjectures ; et lorsqu'elle se montrera, nous jugerons si nos conjectures nous ont mis dans le bon chemin.

Quel est le plus foible degré de conjecture. Le plus foible degré de conjecture est celui où n'ayant pas de raison pour assurer une chose, on l'assure uniquement parce qu'on ne voit pas pourquoi elle ne seroit pas. Si l'on se permet ces conjectures, ce ne doit être que comme des suppositions, et il ne faut pas négliger de faire les recherches propres à les détruire ou à les confirmer.

Si on ne veille par sur soi, on donnera à cette manière de raisonner plus de poids qu'elle n'en a; car nous sommes portés à croire une chose quand nous ne voyons pas pourquoi on la nieroit.

Usage qu'on en doit faire.

C'est ainsi qu'aussitôt qu'on fut assuré que les planètes tournent autour du soleil, on supposa que leurs orbites étoient des cercles parfaits, dont le soleil occupoit le centre, et qu'elles les parcouroient d'un mouvement égal. On n'en jugeoit ainsi, que parce qu'on n'avoit pas de raison d'en juger autrement; et on le croiroit encore, si les observations n'avoient pas obligé de déplacer le soleil, de tracer de nouvelles routes aux planètes, de précipiter et de ralentir tour à tour leurs mouvemens. Avant ces observations personne n'avoit prévu qu'on dût jamais changer rien aux premières suppositions; non qu'on eût des raisons pour les préférer, mais parce qu'on n'en avoit pas pour les rejeter. Des cercles parfaits, un centre et des mouvemens toujours égaux, sont des idées si claires, si faciles à saisir, que, croyant qu'elles sont les plus simples pour la nature, parce qu'elles sont les plus simples pour nous, nous jugeons qu'elle les a choisies, comme nous les aurions choisies nous-mêmes, et nous les adoptons sans soupçonner qu'elles aient besoin d'être examinées. Mais si à tout cela on veut substituer des mouvemens inégaux, des orbites excentriques, elliptiques, etc., l'esprit ne sait plus sur quoi se fixer; il ne peut plus déterminer ces mouvemens et ces orbites; il n'est plus si à son aise dans cette opinion, et il demande pourquoi il la préféreroit.

Second degré de conjecture. Les conjectures du second degré sont celles où, de plusieurs moyens dont une chose peut être produite, on préfère celui qu'on imagine le plus simple, sur cette supposition que la nature agit par les moyens les plus simples.

Sur quoi il est fondé. Cette supposition est vraie en général; mais dans l'application elle peut faire tomber dans l'erreur. Il est certain que si une première loi suffit pour produire une suite de phénomènes, Dieu n'en a pas employé deux ; que s'il en a fallu deux, il les a employés, et qu'il n'en a pas employé une troisième. Ainsi les premières lois de l'univers sont simples, parce que toutes sont également nécessaires, relativement aux phénomènes qui doivent être produits.

Mais cette loi agit différemment suivant les circonstances, et de-là, il arrive qu'il y a nécessairement une multitude de lois subordonnées, et qu'il y a des effets compliqués, c'est-à-dire, produits par une multitude de causes qui se croisent, ou qui se modifient.

Combien il est peu sûr.

Le système le plus simple est certainement celui où une seule loi suffit à la conservation de l'univers entier. Or la simplicité de ce système ne subsisteroit plus, si chaque phénomène étoit produit par une cause particulière et unique. Ce seroit compliquer le tout, que de supposer autant de causes que de phénomènes ; et il est plus simple que plusieurs causes concourent à la production de chacun, lorsque ces causes existent déjà, et qu'elles sont autant de conséquences d'une première loi. Il doit donc y avoir dans la nature beaucoup d'effets compliqués, et qui, par cette raison même, n'en sont que plus simples et plus réguliers.

Erreurs où il fait tomber.

Mais le philosophe, à qui il est impossible de voir le rapport d'un effet au tout, tombe dans l'inconvénient de juger compliqué ce qui ne l'est pas, ou du moins ce qui ne l'est que par rapport à lui : et jugeant témérairement de la simplicité des voies de la nature, il suppose qu'une cause qu'il a imaginée, est la vraie et l'unique, parce qu'elle suffit, selon lui, pour expliquer un phénomène, dont il cherche la raison.

Ainsi ce principe, *la nature agit toujours par les voies les plus simples*, est fort beau dans la spéculation, mais il est rare qu'on puisse l'appliquer.

Comment il acquiert de la certitude.

Ce degré de conjecture a d'autant plus de force, qu'on est plus sûr de connoître tous les moyens dont une chose peut être produite, et qu'on est plus en état de juger de leur simplicité ; il en a moins au contraire, si on n'est pas sûr d'avoir épuisé tous ces moyens, et si on n'est pas capable de juger de leur simplicité ; c'est le cas ordinaire aux philosophes.

Les conjectures ne sont donc fondées, qu'à proportion, qu'en comparant tous les moyens, on a lieu de s'assurer de plus en plus, combien celui qu'on a préféré est simple, et combien les autres sont compliqués.

Il est évident, par exemple, que la révolution du soleil peut être produite par son mouvement ou par celui de la terre, ou par tous deux à la fois : il n'y a pas un quatrième moyen.

Or le moyen le plus simple, c'est de faire tourner la terre sur elle-même, et autour du soleil. Vous en serez convaincu ; mais vous remarquerez que ce principe n'est pas ce qui démontre le mieux la vérité du système de Copernic.

On veut toujours rapporter tout à une seule cause : ce défaut est général. Il semble qu'on entende les philosophes crier de tous côtés : *les moyens de la nature sont simples. Mon système est simple, mon système est donc celui de la nature.* Mais encore un coup, il est rare qu'ils soient juges de ce qui est simple et de qui ne l'est pas.

<small>Les conjectures ne sont pas des vérités; mais elles doivent ouvrir le chemin à la vérité.</small>

On ne doit s'arrêter à des conjectures qu'autant qu'elle peuvent frayer un chemin à de nouvelles connoissances. C'est à elles à indiquer les expériences à faire : il faut qu'on ait quelque espérance de pouvoir un jour les confirmer, ou de pouvoir y substituer quelque chose de mieux ; et, par conséquent, il n'en faut faire qu'autant qu'elles peuvent devenir l'objet de l'évidence de fait et de l'évidence de raison.

Rien n'est donc moins solide qu'une conjecture, qui est de nature à ne pouvoir jamais être confirmée ni détruite. Telles sont, par exemple, celles des Newtoniens pour expliquer la solidité, la fluidité, etc.

<small>L'histoire est le véritable champ des conjectures.</small>

L'histoire est le véritable champ des conjectures. Le gros des faits a une certitude qui approche beaucoup de l'évidence, et qui, par conséquent, ne permet pas de douter. Il n'en est pas de même des circonstances. Les règles qu'il faut suivre, en pareil cas, sont très-délicates : mais, comme je vous l'ai dit, vous n'êtes pas encore en état d'entrer dans cette recherche.

CHAPITRE III.

De l'Analogie.

L'ANALOGIE est comme une chaîne qui s'étend depuis les conjectures jusqu'à l'évidence. Ainsi vous voyez qu'il y en a plusieurs degrés, et que tous les raisonnemens qu'on fait par analogie n'ont pas la même force; essayons de les apprécier. *L'analogie a différens degrés de certitude.*

On raisonne par analogie, lorsqu'on juge du rapport qui doit être entre les effets, par celui qui est entre les causes ou lorsqu'on juge du rapport qui doit être entre les causes, par celui qui est entre les effets. *Analogie des effets à la cause, et de la cause aux effets.*

Que les révolutions diurnes et annuelles et la variété des saisons sur la terre soient, par exemple, les effets que nous remarquons, et dont il s'agit de chercher la cause par analogie. *Exemple où l'analogie prouve que la terre se meut sur elle-même et autour du soleil.*

Nous ne sommes pas dans les autres planètes pour y remarquer les mêmes effets: mais nous en voyons qui décrivent des orbites autour du soleil, qui ont sur elles-mêmes un mouvement de rotation, et dont l'axe est plus ou moins incliné. Voilà des causes. Ainsi, d'un côté, en observant la terre, nous remarquons des effets; et d'un autre côté en observant les planètes, nous remarquons des causes.

Or il est évident que ces causes doivent produire dans ces planètes des périodes qui répondent à nos années, à nos saisons et à nos jours. Ainsi nous descendons des causes aux effets.

Mais puisque ces effets sont de la même espèce que ceux que nous observons sur la terre, nous pouvons remonter des effets à la cause, et donner à la terre un mouvement de rotation et un mouvement de révolution autour du soleil.

D'un côté, les effets sont : *années, saisons, jours;* d'un autre, les causes sont *rotation autour de l'axe, révolution autour du soleil, inclinaison de l'axe.*

Nous remarquons ces causes dans Jupiter; et considérant qu'elles y doivent produire des années, des saisons et des jours, nous concluons par analogie que la terre, qui est comme Jupiter, un globe suspendu, n'a des années, des saisons et des jours, que parce qu'elle a deux mouvemens ; l'un de rotation autour de son axe incliné, l'autre autour du soleil. Voilà la plus forte analogie.

C'est juger d'après l'évidence de raison que de juger d'une cause par un effet qui ne peut être produit que d'une seule manière : lorsque l'effet peut être produit de plusieurs, c'est en juger par analogie que de dire : là, il est produit par telle cause ; donc ici il ne doit pas être produit par une autre.

En pareil cas, il faut que de nouvelles analogies viennent à l'appui de la première. Or il y en a deux qui prouvent le mouvement de la terre autour du soleil.

Analogies qui viennent al'appui.

Vous verrez dans la suite comment l'observation démontre que la terre est à une plus grande distance du soleil que Vénus, et à une moindre que Mars. Cela étant, rappelez-vous les principes que nous avons établis, et vous jugerez qu'elle doit employer à sa révolution moins de temps que Mars, et plus que Vénus. C'est précisément ce que l'observation confirme ; car la révolution de Vénus est de huit mois, celle de la terre d'un an, et celle de Mars de deux.

La dernière analogie est tirée de cette règle de Képler: *les carrés des temps périodiques sont proportionnels aux cubes des distances.* Disons donc:

Comme 729, carré de 27, qui est le temps de la révolution de la lune, est à 133225, carré de 365, qui est le temps de la révolution supposée faite par le soleil; ainsi 216000, cube de 60, qui est la distance de la lune en demi-diamètres de la terre, est à un quatrième terme. Or cette opération nous donneroit 39460356 dont la racine cubique est 340. La terre ne seroit donc éloignée du soleil que de 340 rayons. Or il est démontré par l'observation, que sa distance est au moins trente fois plus grande. Il est donc également démontré que ce n'est pas le soleil qui tourne.

Sur quel fondement voudroit-on que la terre fût une exception à une loi que l'observation et le calcul rendent générale? Le préjugé n'auroit pour lui que l'apparence, et, par conséquent, il est sans fondement. Transportons-nous successivement dans toutes les planètes; elles nous paroîtront tour à tour chacune immobiles, et le mouvement du soleil nous paroîtra plus ou moins rapide, à mesure que nous passerons de l'une dans l'autre. De Saturne nous jugerons qu'il achève sa révolution en 30 ans; de Jupiter en 12, de Mars en 2, de Vénus en 8 mois, de Mercure en 3, comme nous jugeons qu'il l'achève autour de la terre en un an. Or le soleil ne sauroit avoir tous ces mouvemens à la fois, et il n'y a pas plus de raison pour lui attribuer celui qui est apparent de la terre que celui qui le seroit de toute autre planète. Comme nous voyons d'ici l'erreur où seroit un habitant de Jupiter, qui se croiroit immobile, il voit également que nous nous trompons, si nous jugeons que tout tourne autour de nous.

De toutes les planètes, il n'y a que Mercure dont la révolution autour du soleil échappe aux yeux des observateurs. Le voisinage où il est de cet astre en est cause : mais l'analogie, soutenue par les principes que nous avons établis, ne permet pas d'en douter. Cette planète tomberoit dans le soleil, si elle n'étoit emportée d'un mouvement rapide autour de cet astre.

Analogie qui n'est fondée que sur des rapports de vraisemblance.

Saturne et Mercure sont les deux seules planètes dont on n'a pas encore pu observer la rotation; mais nous pouvons la supposer par analogie.

Peut-être la rotation doit-elle être l'effet de la révolution de Saturne autour du soleil, et de celle de ses satellites autour de lui-même; cependant cela n'est pas démontré. Ainsi l'analogie ne conclut point ici de l'effet à la cause, ni de la cause à l'effet : elle ne conclut que sur des rapports de ressemblance : elle a donc moins de force.

Il pourroit absolument se faire que Saturne tournât autour du soleil, comme la lune autour de la terre, en lui présentant toujours le même hémisphère, et alors son mouvement de rotation seroit extrêmement lent. Mais il y a une considération qui semble détruire cette supposition : c'est que dans l'éloignement où il est du soleil, ses hémisphères ont encore plus besoin d'être successivement éclairés. Ce besoin est même une preuve d'autant plus forte, qu'on ne peut pas imaginer que l'auteur de la nature ne l'ait pas fait tourner plus rapidement sur son axe; lui qui a pris les précautions de lui donner plusieurs satellites et un anneau lumineux.

Quant à la rotation de Mercure, elle est également fondée sur l'analogie, et sur ce que d'ailleurs le voisinage du soleil semble demander que le même hémisphère ne soit pas continuellement exposé à l'ardeur des rayons.

Ajoutons à ces considérations que la rotation dans les planètes où nous l'observons, est l'effet de quelque loi qui agit également sur toutes. Quelle que soit donc cette loi, elle doit, à peu de choses près, produire, dans Mercure et dans Saturne, les mêmes phénomènes qu'elle produit ailleurs. Car tout système suppose un même principe qui agit sur toutes les parties, et qui, par conséquent, produit par-tout des effets du même genre.

Nous avons vu une analogie qui conclut de l'effet à la cause, ou de la cause à l'effet: nous en avons vu une autre qui conclut sur des rapports de ressemblance: il y en a une troisième qui conclut sur le rapport à la fin.

Analogie fondée sur le rapport à la fin.

Elle prouve que les planètes sont habitées.

Si la terre a une double révolution, c'est afin que ses parties soient successivement éclairées et échauffées : deux choses qui ont pour fin la conservation de ses habitans. Or toutes les planètes sont sujettes à ces deux révolutions. Elles ont donc également des habitans à conserver.

Cette analogie n'a pas autant de force que celle qui est fondée sur les rapports des effets aux causes; car ce que la nature fait ici pour une fin, il se peut qu'elle ne le permette ailleurs que comme une suite du système général. Cependant sur quoi jugeons-nous que tout est subordonné à la terre ? Sur les mêmes raisons que nous jugerions tout subordonné à Saturne, si nous l'habitions. Or des raisons qui prouveroient que tout est également et exclusivement subordonné à chaque planète, ne prouveroient rien pour aucune. Il ne faut donc pas croire que le système de l'univers n'ait pour fin qu'un atôme, qui paroît se perdre dans l'immensité des cieux; et ce seroit attribuer des vues biens petites à la nature, que de penser qu'elle n'a placé tant de points lumineux au-dessus de nos têtes, que pour faire un spectacle digne de nos regards. D'ailleurs pourquoi en a-t-elle créé que nous avons été si long-temps sans appercevoir, et tant d'autres vraisemblablement que nous n'appercevrons jamais ? Ces opinions sont trop vaines et trop absurdes.

Il est donc prouvé que les cieux ne sont pas un immense désert, créé seulement pour une vue aussi courte que la nôtre. L'analogie ne permet pas de douter, lorsque vous considérez la chose en général : mais si vous voulez juger de telle planète, de Vénus, par exemple, l'analogie n'a plus la même force ; car rien ne vous démontre qu'il n'y a pas d'exception, et que l'exception ne tombe pas sur Vénus. Cependant il seroit encore plus raisonnable de la supposer habitée.

Mais quel jugement porterons-nous des comètes ? Il me semble que l'analogie ne nous en approche pas encore assez : nous les connoissons trop peu. Les grandes variations qui leur arrivent dans leur passage de l'aphélie au périhélie, ne nous permettent pas de comprendre com-

Elle ne prouve pas de même que les comètes le sont.

ment les habitans pourroient s'y conserver.

Quant au soleil, ou plutôt à tous les soleils que nous nommons étoiles fixes, on peut se borner à juger qu'ils sont subordonnés aux mondes qu'ils éclairent et qu'ils échauffent.

Exemple où les différens degrés d'analogie sont rendus sensibles.

Je joindrai encore un exemple, afin de vous faire mieux sentir tous les différens degrés d'analogie.

Je suppose deux hommes qui ont vécu si séparés du genre humain, et si séparés l'un de l'autre, qu'ils se croient chacun seul de leur espèce. Il faut me passer la supposition toute violente qu'elle est. Si la première fois qu'ils se rencontrent, ils se hâtent de porter l'un de l'autre ce jugement, *il est sensible comme moi*, c'est l'analogie dans le degré de plus foible : elle n'est fondée que sur une ressemblance qu'ils n'ont point encore assez étudiée.

Ces deux hommes, que la surprise a d'abord rendus immobiles, commencent à se mouvoir, et l'un et l'autre raisonnent ainsi : *le mouvement que je fais est déterminé par un principe qui sent : mon semblable se meut. Il y a donc en lui un pareil principe.* Cette conclusion est appuyée sur l'analogie, qui remonte de l'effet à la cause ; et le degré de certitude est plus grand que lorsqu'elle ne portoit que sur une première ressemblance : cependant ce n'est encore qu'un soupçon. Il y a bien des choses qui se meuvent, et dans lesquelles il n'y a point de sentiment. Tout mouvement n'a donc pas, avec le principe sentant, le rapport nécessaire de l'effet à la cause.

Mais si l'un et l'autre dit : *je remarque dans mon semblable des mouvemens toujours relatifs à sa conservation ; il recherche ce qui lui est utile, il évite ce qui lui est nuisible, il emploie la même adresse, la même industrie que moi, il fait, en un mot, tout ce que je fais moi-même avec réflexion.* Alors il lui supposera, avec plus de fondement, le même principe de sentiment qu'il apperçoit en lui-même.

S'ils considèrent ensuite qu'ils sentent et qu'ils se meuvent l'un et l'autre par les mêmes moyens, l'analogie s'élevera à un plus haut degré de certitude ; car les moyens contribuent à rendre plus sensible le rapport des effets à la cause.

Lors donc que chacun remarque que son semblable a des yeux, des oreilles, il juge qu'il reçoit les mêmes impressions par les mêmes organes; il juge que les yeux lui sont donnés pour voir, les oreilles pour entendre, etc. Ainsi, comme il a pensé que celui qui fait les mêmes choses que lui, est sensible, il le pense encore avec plus de fondement, lorsqu'il voit en lui les mêmes moyens pour les faire.

Cependant ils s'approchent, ils se communiquent leurs craintes, leurs espérances, leurs observations, leur industrie, et ils se font un langage d'action. Ni l'un ni l'autre ne peut douter que son semblable n'attache aux mêmes cris et aux mêmes gestes les mêmes idées que lui. L'analogie a donc ici une nouvelle force. Comment supposer que celui qui comprend l'idée que j'attache à un geste, et qui par un autre geste en excite une autre en moi, n'a pas la faculté de penser ?

Voilà le dernier degré de certitude, où l'on peut porter cette proposition, *mon semblable pense*. Il n'est pas nécessaire que les hommes sachent parler, et le langage des sons articulés n'ajouteroit rien à cette démonstration. Si je suis sûr que les hommes pensent, c'est parce qu'ils se communiquent quelques idées, et non parce qu'ils s'en communiquent beaucoup : le nombre ne fait rien à la chose. Qu'on suppose un pays où tous les hommes soient muets, jugera-t-on que ce sont des automates ?

Les bêtes sont-elles donc des machines ? il me semble que leurs opérations, les moyens dont elles opèrent, et leur langage d'action ne permettent pas de le supposer; ce seroit fermer les yeux à l'analogie. A la vérité, la démonstration n'est pas évidente; car Dieu pourroit faire faire à un automate tout ce que nous voyons faire à la bête la plus intelligente, à l'homme qui montre le plus de génie : mais on le supposeroit sans fondement.

LIVRE CINQUIÈME.

Du concours des conjectures et de l'analogie avec l'évidence de fait et l'évidence de raison; ou par quelle suite de conjectures, d'observations, d'analogies et de raisonnemens, on a découvert le mouvement de la terre, sa figure, son orbite, etc.

Combien les hommes sont portés à raisonner par préjugés. Le peuple croit aux prédictions des éclipses, comme il croit à la pluie et au beau temps que lui promettent les astrologues. Pour donner sa confiance en pareil cas, il ne demande pas de comprendre comment les choses arrivent; c'est assez qu'il ne puisse pas imaginer pourquoi elles n'arriveroient pas, et plus elles sont extraordinaires, plus il est porté à les croire. Mais si on lui dit: *la terre tourne, le soleil est fixe*, etc. il pense ou qu'on lui en impose ou qu'on extravague. Il est crédule par ignorance et incrédule par préjugé.

Tout homme est peuple. Nous voulons peser les opinions, et nous n'avons que de fausses balances: nous ne jugeons du vrai et du faux que par des idées qui sont en nous, sans que nous sachions comment elles y sont. L'habitude nous entraîne, et laisse la raison bien loin derrière nous. Vous verrez le philosophe lui-même croire plus qu'il ne doit croire, rejeter plus qu'il ne doit rejeter, et donner une proposition pour certaine, non parce qu'il comprend comment elle est vraie, mais parce qu'il ne comprend pas comment elle seroit fausse. C'est encore un coup, le peuple qui croit à la pluie, parce qu'il ne voit pas pourquoi l'almanach le tromperoit.

C'est dans les recherches, où les conjectures concourent avec l'évidence de fait et avec l'évidence de raison, que nous trouverons des exemples de ces sortes de raisonnemens. Mon dessein est de vous garantir des écueils, où les plus grands esprits ont échoué. Je crois que rien n'y est plus propre que les recherches qu'on a faites sur la figure de la terre, sur son mouvement et sur quelques autres phénomènes qui dépendent de l'un et de l'autre. Ce sont d'ailleurs des choses qui entrent dans le plan de votre éducation, et dont il faudroit tôt ou tard vous instruire.

CHAPITRE PREMIER.

Premières tentatives sur la figure de la terre.

IL faut d'abord dans ces sortes de questions distinguer l'apparence de fait, de l'évidence de fait. Sans cela on précipitera ses jugemens, et on prendra une erreur pour une vérité. La révolution, par exemple, du soleil autour de la terre, n'est qu'une apparence de fait, et c'est une évidence de raison, que ce phénomène peut être produit de deux manières; par le mouvement du soleil, ou par celui de la terre. De-là naissent naturellement deux systèmes, et il faut observer, jusqu'à ce qu'on ait des motifs suffisans pour préférer l'un à l'autre.

Comme la terre paroît immobile, elle paroît une surface plate.

Comme les apparences nous trompent sur le mouvement de la terre, elles nous trompent aussi sur sa figure. En effet, elle paroit d'abord comme une surface plate, sans mouvement, et placée dans le lieu le plus bas du monde, en sorte qu'on n'imagine pas ce que le soleil devient, lorsqu'il se couche, et comment, au bout de quelques heures, il reparoît vers un point diamétralement opposé : mais quelques observations ont insensiblement détruit des préjugés que plusieurs philosophes partageoient avec le peuple.

On remarqua que la sphère céleste paroît tourner autour d'un point fixe, qu'on appela le pole du monde. Or cette apparence peut provenir, ou de ce que les cieux se meuvent en effet sur l'axe de la terre, ou de ce que la terre se meut sur elle-même, en dirigeant toujours son pole vers le même point du ciel. Mais il n'étoit pas encore temps de former des conjectures sur cette question ; il falloit auparavant en former sur la figure de la terre.

Comment on a jugé que sa surface est convexe dans la direction du levant au couchant. Il faut considérer que si vous élevez circulairement un corps sur une surface plane, le moment de sa plus grande ou de sa plus petite élévation sera le même pour tous les points de cette surface ; au lieu que si vous le faites mouvoir autour d'un globe, le moment de sa plus grande élévation, par rapport à un point, sera précisément celui de sa plus petite élévation par rapport à un autre. Or on remarqua facilement que le moment de la plus grande élévation du soleil n'est pas le même pour tous les lieux de la terre ; on vit, au contraire qu'il arrive plutôt pour ceux qui sont vers le côté où le soleil se lève, et plus tard pour ceux qui sont vers le côté opposé ; et on conclut avec fondement que la terre, dans la direction du levant au couchant, est une surface convexe.

On observa le cours du soleil, et on n'eut pas de peine à remarquer qu'en faisant chaque jour une révolution, il va alternativement dans la direction d'un pole à l'autre. Je dis *en faisant ;* car alors il ne s'agissoit pas encore de distinguer l'apparence du fait.

Comment au-dessus de cette surface on traça une portion des tropiques,

On observa dans les cieux le point où le soleil, s'étant approché du nord rétrograde vers le midi ; et celui, où s'étant approché du midi, il rétrograde vers le nord. On vit que cet astre arrivé au point du nord, décrit, en une révolution diurne, un arc dans les cieux, on vit, qu'arrivé au point du midi, il en décrit un semblable et parrallèle ; et on eut la moitié de ces deux cercles que nous nommons *tropiques* d'un mot qui signifie *retour*.

<small>Et une portion de l'équateur,</small>

A une égale distance des tropiques, et dans une direction parallèle, on traça de la même manière la moitié de ce grand cercle, qu'on nomme équateur, parce qu'il partage la sphère céleste en deux parties égales.

<small>Et une portion du méridien.</small>

On ne tarda pas d'observer que le soleil, au moment de sa plus grande élévation, est à l'opposite du pole du monde. Alors on eut deux points opposés ; et en tirant une ligne de l'un à l'autre, on traça une partie du méridien. C'est ainsi qu'on nomme un grand cercle qui partage le ciel en deux et auquel le soleil arrive à midi. Le méridien tombe perpendiculairement sur l'équateur, et coupe les tropiques à angles droits.

<small>Il falloit tracer des routes dans les cieux, avant d'en tracer sur la terre.</small>

L'objet de ces observations étoit de tracer dans les cieux des routes qu'on ne pouvoit pas encore tracer sur la terre, et de distinguer les différentes saisons de l'année par le cours du soleil. Vous sentez qu'il falloit pour cela avoir des points fixes dans les cieux. Car la terre étant inconnue à ses habitans, on ne pouvoit juger de la position de ses différentes parties, qu'en cherchant dans les cieux les points auxquels chacune correspondoit. Dès qu'on eut la méridienne, on put aller directement au nord ou au midi, en suivant directement cette ligne; et on put aller par-tout ailleurs, en remarquant le degré d'obliquité avec lequel elle étoit coupée par les différens chemins qu'on vouloit prendre.

Or en voyageant dans la direction du méridien, on s'apperçut que les étoiles qu'on voyoit au-devant de soi, s'élevoient au-dessus de la tête, et qu'il en paroissoit de nouvelles, tandis que celles qu'on laissoit derrière soi, s'abaissoient, et que quelques-unes mêmes disparoissoient. De ce fait évident, on tira une conséquence évidente; c'est qu'on avoit voyagé sur une surface courbe. *Comment on jugea que la surface de la terre est convexe dans la direction des méridiens.*

C'étoit une suite des observations, qu'il y eût autant de méridiens que de lieux, et que tous les méridiens concourussent au pole du monde. Par-là il fut prouvé que *Idée qu'on se fait de l'hémisphère.*

l'hémisphère est convexe selon deux dimensions perpendiculaires l'une à l'autre. En conséquence, on abaissa les lignes qu'on avoit décrites dans les cieux, et on eut sur la terre des méridiennes et des arcs qui, parallèles à l'équateur, diminuent à proportion qu'ils approchent du pole, en sorte que le dernier coïncide avec le point où les méridiennes concourent.

Dès que les méridiennes concourent aux poles, c'est une conséquence, qu'elles se rapprochent à mesure qu'elles s'étendent de l'équateur au point du concours. Traçons donc maintenant sur notre hémisphère un certain nombre de méridiennes, et supposons que vous voyagez dans une direction perpendiculaire à ces lignes, c'est-à-dire, dans un des arcs parallèles à l'équateur.

Il est évident que suivant la grandeur de ces arcs, qui mesurent la distance d'un méridien à l'autre, le moment de la plus grande ou de la plus petite élévation des astres, arrivera pour vous plutôt ou plus tard. Car le chemin que vous aurez à faire, sera plus court ou plus long, à proportion que vous voyagerez plus près ou plus loin des poles. C'est ainsi qu'on se confirma que la terre est convexe dans la direction de la méridienne et dans celle de l'équateur.

Le mouvement diurne et apparent des cieux mettoit dans la nécessité d'imaginer un autre hémisphère à la terre. On le conjectura également convexe, parce qu'on n'avoit pas de raison pour l'imaginer autrement. Dès-lors on alla vîte de conjecture en conjecture. On dit, s'il y a un autre hémisphère, il est tout comme le nôtre ; les cieux tournent pour tous deux, et ils sont également habités : paradoxe qui parut déraisonnable au peuple, hardi au philosophe, impie au théologien qui crut qu'un autre hémisphère étoit un autre monde.

Comment on imagina un autre hémisphère.

A la vérité ce n'étoit encore là qu'un soupçon. Si le lever et le coucher du soleil démontroient l'existence d'un autre hémisphère, ils n'en démontroient pas la forme. On ne l'imaginoit convexe que parce qu'on n'avoit pas de raison de le croire différent de celui qu'on habitoit ; et on le jugeoit habité, parce que dès qu'une fois l'imagination suppose des ressemblances, elle les suppose parfaites. Ce jugement étoit vrai ;

L'opinion des antipodes n'étoit encore qu'une conjecture.

mais on ne pouvoit pas encore s'en assurer: il choquoit les préjugés, et l'imagination, qui s'étoit hâtée de le porter, étoit bien embarrassée à le défendre.

Ce raisonnement, *l'autre hémisphère est semblable au nôtre, parce que nous n'avons pas de raison de l'imaginer autrement; et s'il est semblable au nôtre, il peut être habité, et il l'est en effet :* ce raisonnement, dis-je, nous donne l'idée d'une conjecture qui est dans le moindre degré. Cette espèce de conjecture vient immédiatement après celles qui sont absurdes, parce qu'il n'y a rien qui la détruise; et elle vient immédiatement avant celles qui sont prouvées, parce qu'il n'y a rien qui l'établisse. Elle n'a pour elle, que de n'être pas démontrée fausse.

On peut et on doit même se permettre de pareilles conjectures; car elles donnent lieu à des observations : mais il ne leur faut donner aucun degré de certitude, et il faut les regarder comme des suppositions, jusqu'à ce que l'évidence de fait, celle de raison, ou l'analogie les ayent prouvées. Nous allons voir par quelle suite de degrés la conjecture des antipodes va s'élever à la démonstration.

Les progrès de l'astronomie furent lents. On fut long-temps sans doute avant de reconnoître l'ombre de la terre dans les éclipses de lune ; et vraisemblablement cette découverte a été faite par un philosophe qui étoit prévenu que la terre pourroit être ronde : elle ne permit plus d'en douter.

Comment on jugea que la terre est ronde.

Alors on commença à comprendre que toute la terre peut être habitée. Car dès qu'elle est ronde, il faut que les corps pèsent sur toute sa surface, comme ils pèsent sur notre hémisphère. Il est évident qu'il n'y a que l'équilibre de toutes ces parties qui puisse lui conserver la rondeur; et on conçoit que l'équilibre aura lieu, si elles pèsent toutes également vers un même centre.

D'où on conclut que toutes ses parties pèsent également vers le même centre.

Aussitôt on regarda comme une chose hors de doute que les corps pèsent par-tout également, et tendent par-tout vers un même centre. On le crut ainsi, non qu'on eût des raisons pour assurer cette uniformité de pesanteur et de direction, mais uniquement parce qu'on n'avoit point encore de raison pour juger que la direction et la pesanteur variassent suivant les lieux. C'est cette conduite des philosophes qu'il faut observer, si l'on veut apprécier leurs raisonnemens, et être en garde contre les jugemens qu'ils portent avec trop de précipitation. En effet, ils ont conclu à cette occasion plus qu'ils ne devoient conclure : car nous verrons bientôt que l'équilibre peut subsister et subsiste, quoique la pesanteur et la direction varient d'un lieu à un autre.

Et on comprit comment l'autre hémisphère peut être habité.

Cependant quoique leur théorie les eût jetés dans une erreur, elle suffisoit pour détruire la principale difficulté de l'imagination contre les antipodes : les lois de la pesanteur étoient assez connues pour faire comprendre qu'on n'a pas la tête en bas dans un hémisphère plutôt que dans un autre ; et on peut prévoir qu'il seroit possible un jour de voyager dans des pays qui paroissoient fabuleux.

On en fut convaincu.

Cependant jusqu'à ce qu'on eût fait le tour de la terre, l'existence des antipodes n'étoit qu'une conjecture plus ou moins forte; aussi fut-elle condamnée par des théologiens. Mais si c'étoit un crime de croire aux antipodes, quel crime ne devoient pas commettre ceux qui entreprirent d'y voyager? Ce dernier cependant fit pardonner l'autre, et on eut la bonne foi de se rendre à l'évidence de fait.

A peine eut-on lieu de juger que la terre est ronde, qu'on se hâta de la juger sphérique. Il parut naturel de lui supposer cette figure: premièrement, parce qu'on n'avoit pas de raison pour en imaginer une autre. En second lieu, parce que c'est de toutes les figures rondes, celle que l'esprit saisit le plus facilement. Si de pareils raisonnemens ne prouvent rien, ils persuadent. Aussi n'est-ce que dans ces derniers temps, qu'on a commencé à former des doutes sur la sphéricité de la terre. *Alors on imagina la terre parfaitement sphérique.*

Un principe, adopté sans preuve, jeta dans l'erreur. On supposa gratuitement que tous les corps pèsent également vers le centre de la terre, et on fit ce raisonnement: si notre globe étoit composé d'une matière fluide, toutes les colonnes seroient égales, tous les points de la surface seroient à une *Preuve qu'on crut en donner.*

même distance d'un centre commun, et toutes les parties de ce fluide s'arrangeroient pour former une sphère parfaite.

Ce raisonnement est vrai, dans la supposition où la pesanteur seroit égale dans toute la circonférence du globe. On n'en doutoit pas; on continuoit donc. La mer couvre la plus grande partie de la terre; la surface en est donc sphérique; et puisque le continent s'élève peu au-dessus du niveau de la mer, il est prouvé que la terre est une sphère.

<small>On ne raisonnoit pas conséquemment.</small>

Tous les esprits sont conséquens; on le dit du moins : mais les philosophes semblent prouver souvent le contraire. Si l'on se fût contenté de dire : la terre est à peu près ronde; son ombre vue sur la lune, et la pesanteur des corps suffisoient pour le prouver. Mais qu'est devenu l'esprit conséquent, lorsqu'on l'a jugée sphérique? Cet exemple vous fera voir comment on donne aux conséquences plus d'étendue qu'aux principes; et plus vous étudierez la manière de raisonner des hommes, plus vous serez convaincu qu'ils concluent presque toujours trop ou trop peu. Au reste j'ai oublié de vous rapporter une des raisons qui a fait juger que le monde est une sphère ; c'est, dit-on, que la rondeur est la figure la plus parfaite. Ne trouvez-vous pas ce principe bien lumineux ? Mais supposons que la terre est parfaitement ronde, et voyons comment on est parvenu à la mesurer, et à ne savoir plus quelle figure lui donner.

CHAPITRE II.

Comment on est parvenu à mesurer les cieux, et puis la terre.

<small>Comment on se représente le plan de l'équateur, et celui du méridien.</small> Aussitôt qu'on jugea que la terre est ronde, on continua ces courbes qu'on avoit tracées au-dessus de notre hémisphère, et on acheva les cercles commencés. Vous comprenez qu'il suffisoit, pour cette opération, de remarquer des points fixes dans les cieux.

Imaginez actuellement des rayons tirés du centre de la terre à tous les points de la circonférence de l'équateur, et prolongez-les à toute distance : par ce moyen vous vous représenterez l'équateur comme un plan qui coupe notre globe et les cieux en deux parties égales. De la même manière vous concevrez chaque méridien comme un plan qui le partage également en deux, et qui tombe perpendiculairement sur le plan de l'équateur.

Vous vous faites une idée de l'horison, (Et celui de l'horison.) lorsque, placé dans une campagne, vous regardez tout autour de vous, et qu'imaginant un plan dont vous êtes le centre, vous partagez le ciel supérieur du ciel inférieur. Voilà ce qu'on nomme *l'horison sensible.*

Ce plan touche la terre dans le point où vous êtes arrêté ; mais vous pouvez vous représenter un plan parallèle qui partagera le globe en deux hémisphères égaux : ce plan est ce qu'on nomme *l'horison vrai* ou *rationnel.*

Si vous considérez que la terre est un point par rapport aux étoiles, vous jugerez que ces deux horisons se confondent en un seul. N'avez-vous pas quelquefois remarqué que lorsque vous vous placez à l'extrémité d'une allée fort longue, vous voyez les deux côtés insensiblement se rapprocher, en sorte que la distance des deux derniers arbres devenant nulle, ils sont, par rapport à vous, dans la même position l'un et l'autre, soit que vous les regardiez le long de la rangée qui est à droite, ou le long de la rangée qui est à gauche ? C'est ainsi qu'une étoile, observée du point *a* ou du point *c*, vous paroîtra toujours au même endroit du ciel.

Vous concevez que vous changez d'horison en changeant de lieu, et que par conséquent il y a autant d'horisons que de points sur la surface de la terre.

L'angle du plan de l'horison avec le plan de l'équateur détermine le degré de latitude où l'on est.

Placez-vous sur l'équateur, vous voyez que le plan de l'horison fait un angle droit avec le plan de l'équateur. Transportez-vous au pole, le plan de l'équateur et celui de l'horison coïncideront. Enfin, à différentes distances de l'équateur ou du pole, ces deux plans feront des angles différens. Cela étant, vous jugerez des différentes distances où vous serez du pole ou de l'équateur, si vous trouvez un moyen pour mesurer les angles des deux plans.

Comment on mesure cet angle.

Dans cette vue on divise le méridien, ainsi que tous les cercles de la sphère, en 360 degrés, chaque degré en 60 minutes, chaque minute en 60 secondes, chaque seconde en 60 tierces, etc.

Vous comprenez qu'un angle, qui a son sommet dans le centre d'un cercle, a différentes grandeurs, suivant le nombre des degrés contenus dans l'arc opposé au sommet. Que le cercle soit plus grand ou plus petit, vous déterminez toujours également la valeur de l'angle : seulement les degrés seront plus ou moins grands, et les côtés de l'angle plus ou moins longs. L'angle A c B est le même, soit que vous le mesuriez sur le cercle A B D, ou sur le cercle *a b d*.

Vous pouvez imaginer une ligne tirée d'un pole à l'autre. C'est sur cette ligne que les cieux paroissent se mouvoir; et on la nomme, par cette raison, l'axe du monde. Voulez-vous donc connoître à quelle distance les poles sont de l'équateur? Considérez les angles que l'axe fait avec le diamètre de ce grand cercle, et vous verrez sensiblement que le méridien est partagé en quatre parties égales. La mesure de chacun de ces angles est donc le quart de 360, c'est-à-dire, 90 degrés.

Pour découvrir la position des lieux qui sont entre le pole et l'équateur, on se sert d'un quart de cercle divisé en degrés, en minutes, etc., et on suppose l'observateur

Comment on détermine la position des lieux par rapport au pole, ou par rapport à l'équateur.

au centre de la terre. Il fixe le pole; dirigeant ensuite sa vue le long d'un rayon qui s'élève, par exemple, au-dessus de Parme, il fixe dans le ciel le point où ce rayon va se terminer. Par cette opération il voit, sur son quart de cercle, la grandeur de l'arc du méridien. Il n'a plus qu'à compter pour s'assurer que Parme est à 45 degrés 10′ du pole, et, par conséquent, à 44 degrés 50; de l'équateur.

Vous me direz que l'observateur ne peut pas être placé au centre de la terre. Il s'agit donc de voir comment, étant placé sur la surface, le résultat des calculs sera le même.

Fig. 46. Parme est au point p. Or si vous prolongez jusque dans les cieux la ligne cp, nous aurons une ligne perpendiculaire à notre horison, et le point z où elle se termine, sera le zénith de Parme. Sur quoi je vous ferai remarquer que chaque lieu a son zénith comme son horison. Si de l'autre côté vous plongez cette même ligne, N diamétralement opposé à z, est ce qu'on nomme *nadir*.

Dans la supposition de la sphéricité de la

terre, tous les corps pèsent vers le centre c. Nous découvrirons donc notre zénith, en observant la direction d'un fil auquel un plomb sera suspendu. Ce fil coïncidera nécessairement avec la ligne zpc.

C'est évidemment la même chose d'observer le zénith de p ou de c. Mais, puisque l'horison sensible et l'horison vrai se confondent en un seul, il est donc indifférent d'être en p ou en c, pour observer le pole E. Par conséquent, il n'y aura point d'erreur à supposer que l'angle $z\,c\,E$ est le même que l'angle $z\,p\,E$. C'est ainsi que, de la surface de la terre, on mesure avec la même exactitude que du centre.

Vous voyez comment on détermine la distance, où un lieu est de l'équateur : cette distance est ce qu'on nomme latitude. Parme est à 44 degrés 50′ de latitude.

Pour achever de marquer la position des lieux, il reste à déterminer la situation respective où ils sont par rapport à l'orient ou au couchant. Il est évident que, dans ce cas, nous pouvons mesurer les degrés sur l'équateur, comme dans le précédent

<small>Comment on détermine le degré de longitude d'un lieu.</small>

nous les avons mesurés sur le méridien : il n'y a qu'à déterminer un point d'où on puisse compter, et c'est ce qu'on fait en choisissant un méridien, qu'on regarde comme le premier. La distance où les lieux sont de ce premier méridien, se nomme longitude, et se compte sur l'équateur d'occident en orient, ou sur les cercles parallèles. Au reste, le choix du premier méridien est indifférent : les Français le font passer par l'île de Fer, les Hollandais par le Pic de Ténériffe, et chaque astronome par le lieu d'où il fait ses observations.

La longitude est donc la distance d'un premier méridien à un autre; mais la distance entre deux méridiens n'est pas la même par-tout : elle est plus grande sur l'équateur, elle diminue sur les cercles parallèles. Cela est évident, puisque tous les méridiens concourent au pole.

Si la terre étoit parfaitement ronde, on pourroit déterminer dans quelle proportion les degrés de longitude diminuent à mesure qu'on va de l'équateur au pole. Mais vous verrez que l'incertitude où nous sommes de sa figure, ne permet pas de déterminer, avec précision, ni les degrés de longitude ni même ceux de latitude. Parme est à 28 degrés, 27′, 50″ de longitude. Mais quelle est la vrai mesure de ces degrés? C'est ce qu'on ne sait pas exactement.

CHAPITRE III.

Comment on a déterminé les différentes saisons.

Les saisons. ON divise l'année en quatre saisons. La plus chaude se nomme *été*, la plus froide, *hiver*, celle qui sépare l'hiver de l'été, *printemps*, et celle qui sépare l'été de l'hiver, *automne*.

L'écliptique. Ces saisons dépendent du cours du soleil; cet astre, comme je l'ai déjà dit, va et revient d'un tropique à l'autre. En observant sa route, on lui voit décrire d'occident en orient, un cercle qui coupe l'équateur, et fait avec lui un angle de 23 degrés et demi ou environ : ce cercle se nomme *l'écliptique*.

L'année. Le soleil ne s'écarte jamais de l'écliptique Il est 365 jours, 5 heures, 49 minutes à revenir au point d'où il est parti, et cet intervalle se nomme *année*. Mais parce qu'on néglige les cinq heures et les quarante-neuf minutes, on ajoute tous les quatre ans un jour, et on fait une année de 366 jours. C'est l'année bissextile. Cette addition d'un jour étant trop grande de douze minutes par an, l'année, après quatre siècles, auroit trois jours de trop ; et pour se retrouver au cours du soleil, il faut avoir retranché les trois jours sur les trois années qui auroient été bissextiles.

Les planètes se meuvent aussi d'occident en orient, dans des orbites, qui coupent l'écliptique en deux parties égales. Leurs révolutions s'achèvent entre deux cercles parallèles à l'écliptique, dont l'un est à huit degrés au midi, et l'autre à huit degrés au nord.

On se représente l'intervalle qui est entre ces trois cercles, comme une bande large de 16 degrés : on partage toute la circonférence de cette bande en 12 parties de 30 degrés ; chacune est distinguée par un signe différent, c'est-à-dire, par un certain assemblage d'étoiles qu'on nomme *constellation*. Cette bande est le *zodiaque*. {Le zodiaque.}

Dans la partie septentrionale, le soleil commence le printemps, lorsqu'il est au premier degré du belier ; l'été, lorsqu'il {Différence des saisons suivant le cours du soleil.}

décrit le tropique du cancer; l'automne, lorsqu'il entre dans la balance; l'hiver, lorsqu'il parcourt le tropique du capricorne.

Dans la partie méridionale l'été répond à l'hiver, le printemps à l'automne et réciproquement.

Vous voyez que l'été est la saison où le soleil approche le plus de notre zénith. Alors il est plus long-temps sur l'horison, et ses rayons tombent moins obliquement : ce sont deux causes de la chaleur; mais ce ne sont pas les seules. En hiver, cet astre est moins long-temps sur l'horison, et ses rayons sont fort obliques. Il répand donc moins de chaleur, encore est-elle détruite en partie par la longueur des nuits.

Entre les deux tropiques, il n'y a proprement que deux saisons, l'hiver et l'été. Lorsque le soleil approche du zénith, il tombe des pluies presque continuelles qui diminuent la chaleur, et on regarde ce temps comme l'hiver : lorsque le soleil s'éloigne, les pluies diminuent, la chaleur augmente, et on regarde ce temps comme l'été.

CHAPITRE IV.

Comment on explique l'inégalité des jours.

LA durée du jour dépend du temps que le soleil est sur l'horison. Le jour commence lorsque le soleil se montre au-dessus de l'horison. Il finit, lorsque cet astre descend au-dessous; car l'horison partageant la terre en deux hémisphères égaux, vous ne sauriez voir le soleil lorsqu'il éclaire l'hémisphère opposé.

<small>Le jour considéré par opposition à la nuit.</small>

Placez-vous sur l'équateur; votre horison coupera ce cercle et ses parallèles en deux moitiés; l'une supérieure, l'autre inférieure. Il vous cachera donc la moitié de la révolution diurne du soleil: cet astre sera 12 heures au-dessus de l'horison, 12 heures au-dessous; et tous les jours de l'année seront égaux aux nuits. Cette position où l'horison coupe l'équateur à angles droits se nomme *sphère droite*.

<small>Sphère droite qui donne les jours égaux aux nuits.</small>

Si vous vous transportez sous l'un des poles, votre horison se confondra avec l'équateur ; vous ne verrez le soleil que pendant qu'il parcourra une moitié de l'écliptique, et il vous sera caché pendant qu'il parcourra l'autre moitié. L'année sera donc partagée, pour vous, en un jour et une nuit, l'un et l'autre de six mois. Cette position se nomme *sphère parallèle*.

Enfin si vous vous supposez entre le pole et l'équateur, le plan de ce cercle sera coupé obliquement par le plan de votre horison. Dans cette supposition l'équateur sera partagé en deux parties égales ; mais les cercles parallèles seront partagés inégalement. Pour nous, par exemple, il y a une plus grande partie des cercles septentrionaux au-dessus de l'horison, et une plus petite des cercles méridionaux. Un coup-d'œil sur un globe vous rendra cela plus sensible, que toutes les figures que je pourrois vous tracer ; cette dernière position est la *sphère oblique*.

Maintenant il est aisé de comprendre que, lorsque le soleil est dans l'équateur, le jour doit être égal à la nuit ; puisqu'il décrit au-dessus de l'horison une partie de cercle égale à celle qu'il décrit au-dessous. Voilà pourquoi on donne à l'équateur le nom d'*équinoxial*.

Vous voyez par la même raison que les jours doivent augmenter pour nous, lorsque le soleil approche du tropique du cancer; car cet astre nous éclaire d'autant plus long-temps qu'il décrit au-dessus de l'horison de plus grandes portions de cercles. Au contraire, les jours doivent diminuer lorsqu'il rétrograde vers le tropique du capricorne; parce qu'il est d'autant moins sur l'horison, que les portions de cercle qu'il décrit sont plus petites.

On nomme *équinoxes* les points où l'équateur coupe l'écliptique, parce que, lorsque le soleil y arrive, les nuits sont égales aux jours; l'un est l'équinoxe de printemps, vers le 21 mars; l'autre est l'équinoxe d'automne, vers le 23 septembre. <small>Les équinoxes.</small>

On nomme *solstices* les points de l'éclip- <small>Les solstices.</small> tique qui viennent se confondre avec les tropiques. Alors le soleil est dans son plus grand éloignement de l'équateur, à 23 degrés et demi, et il est quelques jours sans paroître sensiblement s'en rapprocher ; le solstice d'été est dans le premier degré du cancer, où le soleil fait le plus long jour, vers le 21 juin. Le solstice d'hiver est dans le premier degré du capricone, où cet astre fait le jour le plus court, vers le 22 décembre.

Les colures.

Dans ces quatre points on fait passer deux grands cercles qui se coupent à angles droits aux poles du monde ; l'un se nomme *colure* des solstices, et l'autre *colure* des équinoxes. Ce sont les cercles les moins nécessaires à la sphère.

Les jours pr's pour des révolutions de 24 heures, n'ont pas exactement la même durée.

Jusqu'ici nous avons considéré le jour par opposition à la nuit : mais on nomme encore *jour* le temps qui s'écoule depuis le moment que le soleil quitte le méridien d'un lieu, jusqu'au moment où il y revient.

Ce jour excède le temps d'une révolution de la terre sur son axe : car pendant que par un mouvement diurne, le soleil va d'orient en occident, il avance dans l'écliptique d'occident en orient, et il revient par conséquent plus tard au méridien d'où il étoit parti.

Mais cet astre ne parcourt pas chaque

jour un espace égal dans l'écliptique. Ce que nous avons dit plus haut vous fait voir que le mouvement du soleil dans l'écliptique, n'est autre chose que le mouvement de la terre dans son orbite. Or la terre décrit en temps égaux, de plus grands arcs dans son périhélie que dans son aphélie. C'est donc une conséquence que le soleil n'avance pas toujours également dans l'écliptique, et que tous les jours n'excèdent pas d'une égale quantité chaque révolution de la terre sur son axe.

Ainsi, quoiqu'on divise le jour en 24 heures, il ne faut pas croire que la durée en soit toujours égale : elle varie, au contraire, d'un jour à l'autre. Mais les astronomes prennent un terme moyen entre les plus longs jours et les plus courts : par-là ils les réduisent à l'égalité ; et cette réduction se nomme équation du temps. Elle se fait en divisant en heures égales le temps que le soleil emploie à parcourir l'écliptique.

Puisque nous voilà dans la sphère, je crois à propos de continuer et d'achever de vous en donner une idée exacte. Ce sera le sujet du chapitre suivant.

CHAPITRE V.

Idée générale des cercles de la sphère, et de leur usage.

<small>Cercles dont nous avons déjà parlé.</small> L'AXE du monde est une ligne qui va d'un pole à l'autre, et sur laquelle les cieux paroissent se mouvoir; il traverse perpendiculairement le plan de l'équateur, qui partage l'univers en deux.

Le zodiaque est une bande circulaire; large de 16 degrés, qui partage également la terre et les cieux, et qui fait, avec l'équateur, un angle de 23 degrés et demi.

Au milieu de cette bande est l'écliptique que le soleil parcourt d'occident en orient dans l'espace d'une année.

Le méridien coupe l'équateur à angles droits; l'horison est oblique ou parallèle suivant la position des lieux, et les deux tropiques marquent les limites, au-delà desquelles le soleil ne doit pas s'écarter. Voilà les cercles dont nous avons déjà parlé.

Imaginez une ligne qui traverse perpen- *Axe de l'éclipti-*
diculairement le plan de l'écliptique ; elle *que.*
en sera l'axe, et vous vous en représenterez
les poles aux deux extrémités.

Pendant que le plan de l'écliptique fait *Ses poles décri-*
sa révolution, ses poles décrivent des cer- *vent des cercles po-*
cles qu'on nomme polaires : celui qui est *laires.*
tracé au nord est le cercle arctique ; et celui
qui est tracé au midi est le cercle antarc-
tique. Vous les voyez marqués sur le globe
à 23 degrés et demi des poles.

Sous ces cercles, le plus long jour est
de 24 heures ; et au-delà, en s'éloignant
de l'équateur, les jours vont toujours en
augmentant.

Voilà maintenant la terre divisée en *Les zones.*
plusieurs bandes qu'on nomme *zones*.
L'espace compris entre les deux tropiques
est la zone torride : les zones tempérées
s'étendent des tropiques aux cercles polaires,
et les zones glaciales des cercles polaires
aux poles.

Le jour étant sur l'équateur de 12 heures, *Les climats.*
et sous les cercles polaires de 24, on a
considéré l'espace où le plus long jour est
de 12 et demi, celui où il est de 13, celui

où il est de 13 et demi ; et on a divisé l'espace contenu entre ces deux cercles en 24 bandes qu'on nomme *climats*. On a pareillement divisé en d'autres climats l'espace contenu depuis les cercles polaires jusqu'aux pôles. Ce sont les climats où les jours augmentent beaucoup plus sensiblement.

Les cercles de longitude et les cercles de latitude.

Tous les méridiens sont considérés comme des cercles de longitude, parce que les différentes longitudes se mesurent d'un méridien à un autre. Par la même raison les parallèles sont regardés comme des cercles de latitude ; mais il a fallu d'autres cercles pour mesurer la longitude et la latitude des astres. L'écliptique est, par rapport à ces nouveaux cercles, ce qu'est l'équateur par rapport à ceux que je vous ai expliqués. Représentez-vous donc de grands cercles de longitude qui coupent l'écliptique à angles droits et qui passent par ses pôles, et des cercles de latitude parallèles à l'écliptique, et qui, par conséquent, coupent aussi à angles droits les cercles de longitude.

Le premier de ces cercles de longitude passe au point des équinoxes par le bélier ;

et c'est de-là que l'on compte la longitude des astres d'occident en orient; comme on compte la latitude depuis l'écliptique au pole de ce cercle.

Vous pouvez considérer le mouvement apparent des cieux par rapport aux révolutions diurnes, et par rapport aux révolutions annuelles. Dans le premier cas le soleil paroît décrire des parallèles à l'équateur; mais dans le second il paroît décrire des espèces de spirales; car à chaque révolution diurne cet astre revient à un point différent de celui d'où il étoit parti, et trace l'écliptique dans le cours d'une année. Or c'est par rapport au plan de ce grand cercle qu'on juge des mouvemens annuels des planètes, des comètes, et de la position de tous les astres. *Le mouvement des cieux par rapport aux révolutions diurnes, et par rapport aux révolutions annuelles.*

La terre transportée d'occident en orient, paroît conserver son axe toujours parallèle à lui-même; cependant il a un petit mouvement. Cet axe toujours incliné de 66 degrés, 31 minutes au plan de l'écliptique, se meut d'orient en occident, et ses poles décrivent des cercles autour des poles de l'écliptique. Par-là toute la sphère des *Inclinaison de l'axe de la terre.*

étoiles fixes paroît tourner, d'occident en orient, autour d'un axe mené par les poles de l'écliptique; et toutes les étoiles décrivent, par leur mouvement apparent, des cercles parallèles à l'écliptique.

précession des équinoxes. Par le mouvement de cet axe, la section commune au plan de l'équateur et à celui de l'écliptique tourne ; et les premiers points du belier et de la balance, qui sont toujours opposés. parcourent, d'orient en occident, toute l'écliptique dans l'espace de 25920 ans.

Ce mouvement des premiers points du belier et de la balance est ce qu'on nomme *précession des équinoxes :* il est cause que le soleil revient au point de l'écliptique d'où il est parti, avant d'avoir achevé sa révolution entière; et par conséquent, l'année est plus petite que le temps périodique de la révolution de cet astre.

On voit par-là qu'aujourd'hui le soleil ne se trouve pas à l'équinoxe du printemps, au même point où il étoit, il y a 2, 3, ou 4000 ans; et qu'il ne se trouvera au même point où il est aujourd'hui, que dans environ 26000 ans; c'est ce que l'on nomme la grande année.

Les astronomes grecs qui ont donné des noms aux constellations, ont regardé l'étoile du belier comme le premier point du zodiaque, parce qu'en effet le soleil répondoit à cette étoile, lorsqu'il étoit dans l'équinoxe du printemps. Mais chaque constellation a depuis avancé de près d'un signe : le belier est tout entier dans le signe du taureau, le taureau dans celui des gémeaux, etc.

De-là il arrive que, parmi les astronomes modernes, les uns comptent les mouvemens célestes depuis le point actuel de l'équinoxe; les autres depuis l'étoile du belier: mais ces derniers ajoutent à leurs calculs la différence qu'il y a entre le lieu de cette étoile, et celui où se fait l'équinoxe; et ils appellent cette différence la *précession des équinoxes*, parceque l'équinoxe arrive avant que le soleil ait achevé sa révolution anuelle.

Ce mouvement des poles de l'équateur n'a pas d'abord été apperçu : au contraire, on supposa immobiles les étoiles polaires,

Comment on a déterminé plus exactement le pole du monde.

parce qu'on ne voyoit pas sensiblement qu'elles changeassent de situation. Quand on eut remarqué leur mouvement, il fut question d'appuyer les poles du monde sur des points fixes. On remarqua donc que les étoiles faisant chaque jour une révolution, décrivoient un cercle autour d'un centre, et dès qu'on eut ce centre, on eut les poles immobiles du monde. Alors au lieu de diriger la méridienne aux étoiles polaires, on la dirigea à ce point, autour duquel ces étoiles sont alternativement à leur plus grande et à leur plus petite élévation. C'est ainsi qu'on traça plus exactement tous les cercles de la sphère.

CHAPITRE VI.

Comment on mesure les degrés d'un méridien.

CE n'étoit pas assez d'avoir tracé des lignes sur la terre, et de l'avoir divisée en degrés, en se représentant des arcs de cercles dans les cieux. On savoit par-là quelles routes on devoit tenir ; mais on ne savoit pas quelle en étoit la longueur. Il falloit donc encore mesurer les degrés, et déterminer le nombre de toises que chacun contient ; cette recherche a été tentée dans différens temps. Cependant vers le milieu du dernier siècle on ne savoit encore quel jugement porter, lorsque Louis XIV ordonna de prendre de nouvelles mesures. On avoit alors de meilleurs instrumens que jamais, et les méthodes avoient été perfectionnées; de sorte que Picard ayant exécuté les ordres du roi, on crut connoître enfin la véritable grandeur de notre globe. Mais toutes les opérations de ce géomètre supposoient

<small>Les premières mesures de la terre ont été peu exactes.</small>

la terre parfaitement ronde : supposition démentie par des expériences qui furent faites peu de temps après.

Lorsqu'on avance dans la direction de la méridienne, on voit les étoiles s'élever au-dessus de l'horison. Il semble donc que, pour connoître la grandeur d'un degré sur la terre, il suffise de mesurer le chemin qu'on a fait, lorsqu'une étoile en s'élevant, a paru parcourir un arc, qui est à la circonférence d'un cercle, comme 1 à 360. En suivant cette méthode, on jugea qu'un degré sur la surface de la terre est de 20 lieues. Et parce qu'on se hâta de juger que tous les degrés sont égaux, on crut qu'il n'y avoit plus qu'à multiplier 20 par 360. On conclut donc que la terre a 7200 lieues de circuit. Mais il y avoit deux principes d'erreur dans cette opération : le premier provenoit de ce qu'on jugeoit de l'élévation des étoiles par rapport à l'horison ; le second, de ce qu'on supposoit tous les degrés égaux. C'est ce qu'il faut développer.

On se trompe it on jugeant de l'élévation des étoiles par rapport à l'horison.
On a remarqué que les rayons se brisent, lorsqu'ils passent obliquement d'un milieu dans un autre. On vous fera quelque jour

observer le chemin qu'ils suivent; mais pour le moment, il suffit de supposer ce phénomène, comme un fait dont il n'est pas permis de douter.

Les rayons des astres, qui sont à l'extrémité de notre horison, ne parviennent donc à nous qu'après s'être brisés. Cela est cause que nous ne voyons point les étoiles dans leur vrai lieu; elles nous paroissent plus élevées qu'elles ne sont, et nous les appercevons même au-dessus de l'horison lorsqu'elles sont encore au-dessous.

Si cette réfraction étoit la même dans tous les temps, on pourroit l'évaluer, et elle n'occasionneroit point d'erreurs : mais elle est sujette à toutes les variations de l'atmosphère, et l'atmosphère change continuellement.

Les astres sont à leur plus grande hauteur, lorsqu'ils sont au zénith : alors leurs rayons tombent perpendiculairement, et ne souffrent point de réfraction. Nous mesurerons donc plus exactement l'élévation des étoiles, si, au lieu d'en juger par rapport à l'extrémité de l'horison, nous en jugeons par rapport à notre zénith.

Il en falloit juger par rapport au zénith.

Si la terre est parallèlement ronde, les degrés du méridien sont égaux.

On connnoît le zénith, lorsqu'on observe la direction d'un fil chargé d'un plomb. Cette direction se nomme *ligne verticale*, et tombe perpendiculairement du zénith sur l'horison; la ligne verticale fait donc un angle droit avec la ligne horisontale.

Maintenant prenons deux lieux situés sous un même méridien, et concevons que, des zéniths de l'un et de l'autre, les deux verticales sont prolongées dans l'intérieur de la terre. Cela supposé, si la terre est absolument plate, ces lignes seront parallèles dans toute leur longueur; et soit que nous marchions vers le nord ou vers le midi, les étoiles paroîtront toujours à la même élévation. Si la terre est parfaitement ronde, toutes les verticales concourront à un même point. Nous verrons donc les étoiles s'élever à proportion de l'espace que nous parcourons sur un méridien. Si, par exemple, il faut se transporter à 57000 toises, pour voir une étoile s'élever d'un degré, il faudra se transporter à deux, trois, quatre fois cette distance, pour voir une étoile s'élever de deux, trois quatre

Fig. 47. degrés; car les points de la surface, par

où passent les verticales A, B, C, D, sont tous à égale distance.

Il n'en sera pas de même, si la courbure de la terre est inégale, car les lignes A et B qui tombent perpendiculairement sur la surface applatie, se réunissent plus loin que les lignes C et D qui tombent perpendiculairement sur la surface plus convexe. Il y a donc un plus grand intervalle entre les points A et B, qu'entre les points C et D. Or il est évident que les degrés sont en proportion avec la longueur des rayons tirés du point du concours, à la surface de la terre : là où les rayons sont plus courts les degrés sont plus petits : là où les rayons sont plus longs, les degrés sont plus grands. D'où on conclut avec raison, que la terre est applatie vers les poles, si les degrés du méridien sont plus grands au pole qu'à l'équateur.

Fig. 46.

L'angle que forment les verticales de deux lieux situés sous le même meridien, se nomme *l'amplitude* de l'arc du méridien, qui s'étend de l'un à l'autre zénith. Si l'arc est d'un degré, de deux, de trois, l'amplitude sera également d'un, de deux

L'amplitude d'un arc du méridien.

et de trois ; car si l'arc mesure l'angle, l'angle détermine aussi l'amplitude de l'arc: ces deux choses sont réciproques.

Comment on détermine cette amplitude.

Si, du centre de la terre, on observoit le zénith de Paris et celui d'Amiens qui sont dans le même méridien, il est évident qu'on pourroit déterminer l'amplitude de l'arc sur un quart de cercle. Mais la même opération peut se faire de Paris ou d'Amiens, parce que, dans la distance où nous sommes des étoiles, le demi-diamètre de la terre doit être compté pour rien, et que, par conséquent, l'angle formé par les lignes tirées des deux zéniths, est le même, soit qu'elles concourent sur la surface, soit qu'on les prolonge au centre.

Lorsqu'on ne peut pas fixer les deux zéniths, on prend une étoile qui est entre deux. Alors l'angle qui détermine l'arc du méridien de Paris à Amiens, est composé de deux autres, dont l'un est formé par la verticale de Paris et la ligne tirée à l'étoile, et l'autre par une semblable ligne et la verticale d'Amiens.

Si l'étoile se trouvoit hors de l'angle des deux verticales, et au-delà du zénith d'Amiens, il est clair que vous aurez la valeur de l'angle que forment les deux verticales, si de l'angle formé par la verticale de Paris et la ligne tirée à l'étoile vous retranchez l'angle formé au de-là des deux verticales.

Dès qu'on connoît l'amplitude de l'arc, il ne reste plus, pour déterminer la valeur du degré, que de mesurer l'espace entre Paris et Amiens.

Il seroit aisé de mesurer la distance de Paris à Amiens, si l'égalité du terrein permettoit de se servir d'une toise: mais parce que les hauts et les bas rendoient ce moyen impraticable, il a fallu se représenter au-dessus des inégalités, un plan parallèle à l'horison, et trouver le secret de le mesurer. C'est ce que les géomètres exécutent d'une manière bien simple. Si vous voulez concevoir comment ils opèrent en pareil cas, il faut prendre pour principe ce que nous avons prouvé plus haut, que *les trois angles d'un triangle sont égaux à deux droits.*

Pour comprendre comment on mesure des grandeurs inaccessibles, il faut prendre pour principe, que les trois angles d'un triangle sont égaux à deux droits.

Dès que les trois angles d'un triangle sont égaux à deux droits, il suffit d'en

Un côté et deux angles étant connus, on détermine le troisième angle

mesurer deux, pour juger de la valeur du troisième. Vous en conclurez encore que connoissant un des côtés et deux angles, vous pourrez déterminer les deux autres côtés. Ainsi de six choses qu'on peut considérer dans un triangle, savoir, trois angles et trois côtés, c'est assez d'en pouvoir mesurer trois, pour juger de la valeur des trois qu'on ne peut pas mesurer.

Soit la ligne A B base d'un triangle. Il est certain que plus les angles, que nous formerons sur les extrémités, seront grands, plus le troisième angle sera éloigné de cette base; et qu'au contraire, plus ils seront petits, moins le troisième sera éloigné. La longueur de cette base et la grandeur des deux angles déterminent donc le point où les deux autres côtés doivent se rencontrer. Par conséquent, si nous connoissons la longueur de cette base, et la grandeur des deux angles, nous pourrons déterminer la longueur des lignes A C et B C et celle des lignes A d et B d.

Supposons qu'on veuille mesurer la largeur d'une rivière : on tire le long du rivage la base A B. Du point A on fixe ensuite l'objet C, qui est à l'autre bord, en sorte que le rayon visuel tombe perpendiculairement sur la ligne A B. On a des instrumens pour faire cette opération. De-là, on va à B, et fixant encore l'objet C, on achève le triangle.

Cette opération étant achevée, on connoîtra facilement la grandeur de chaque angle. Il ne restera plus qu'à mesurer la longueur de la base, pour juger de la longueur de la ligne A C, c'est-à-dire, de la largeur de la rivière.

Quand des obstacles ne permettent pas de voir en même temps des objets dont on mesure la distance, on cherche de côté et d'autre des objets visibles, et on forme une suite de triangles dont on mesure les angles. Le second a pour base un des côtés du premier, le troisième un des côtés du second, ainsi des autres.

Comment, par une suite de triangles, on mesure un degré du méridien.

Connoissant donc la base du premier et ses trois angles, on connoît la longueur de chacun de ses côtés, et, par conséquent, la base du second. Connoissant la base du second et ses angles, on connoîtra de même la base du troisième. En un mot, par cette méthode on détermine les côtés de tous les triangles.

On trace sur le papier les triangles qu'on a observés, et on ne trouve plus d'obstacle pour tirer une ligne droite entre les deux points dont on veut mesurer la distance.

Il ne reste donc qu'à déterminer la longueur de cette ligne, et cela est tout aussi aisé que de mesurer le côté d'un triangle. C'est ainsi qu'on prend la mesure d'un degré du méridien.

Comment on mesure la distance des astres qui ont une parallaxe.

Vous voyez comment, par cette méthode, on parvient à juger de la distance où l'on est d'un lieu inaccessible ; et vous commencez à n'être plus si étonné de voir les astronomes entreprendre de mesurer les cieux. Mais pour vous faire connoître les moyens dont on se sert en pareil cas, il faut vous expliquer ce qu'on entend par un mot dont nous aurons occasion de faire usage. C'est celui de *parallaxe*.

De quelque lieu que nous observions les étoiles elles paroissent toujours dans le même point du ciel; nous les voyons toujours dans la même ligne droite. Ce que nous avons dit vous fait comprendre que ce phénomène est l'effet de l'éloignement où elles sont de nous. Il faut même que cette distance soit bien grande ; car si, en différentes saisons, nous observons une étoile, nous continuons de la voir dans la même ligne, quoique la terre, en parcourant son orbite, nous place dans des lieux fort différens : c'est que cette orbite, toute immense qu'elle nous paroît, n'est qu'un point par rapport à l'immensité des cieux.

Si, au contraire, nous observons un astre voisin de la terre, nous le rapportons à différens points, suivant le lieu où nous sommes placés. Lorsque, du centre C nous observons la lune L, nous la voyons dans le vrai lieu où elle est par rapport à notre globe. Il en sera de même si nous nous transportons sur la surface au point A, parce qu'alors nous la voyons dans la même ligne. Mais de tout autre endroit, de B, par exemple, elle nous paroîtra dans un lieu différent. Or les deux lignes C L, et B L vont se joindre dans le centre de la lune, et y forment un angle. C'est cet angle qu'on nomme *la parallaxe de la lune*. Les astres ont donc une parallaxe plus ou moins grande, à proportion qu'ils sont plus ou moins près de la terre ; et à une certaine distance ils n'en ont plus.

Les lignes C L, L B et B C, forment un triangle qu'on nomme *parallactique*. B C, rayon ou demi-diamètre de la terre, en est la base; et il ne reste plus qu'à mesurer les angles B et C pour connoître la distance de la lune en demi-diamètres de la terre. C'est ainsi qu'on mesure la distance de tous les astres qui ont une parallaxe.

Ces opérations sont simples et belles ; cependant elles ne sont pas tout-à-fait exemptes d'erreurs. L'observateur peut se tromper ; les instrumens ne sauroient être d'une précision exacte ; et vous verrez bientôt qu'on est obligé de raisonner sur des suppositions qui ne sont pas tout-à-fait démontrées. Il y auroit bien des choses à vous faire remarquer sur la sagacité qu'on apporte à ces sortes de calculs; mais ces premières idées suffisent à l'objet que nous avons actuellement en vue, et elles vous préparent à acquérir un jour de plus grandes connaissances. Vous n'êtes pas d'un âge à approfondir encore chaque science que vous étudiez : vous commencez seulement, et toute votre ambition doit être de bien commencer.

CHAPITRE VII.

Par quelle suite d'observations et de raisonnemens on s'est assuré du mouvement de la terre.

<small>Chaque planète paroît à ses habitans le centre de tous les mouvemens célestes.</small> LES corps paroissent en mouvement toutes les fois qu'ils cessent de se conserver dans la même situation, soit entr'eux, soit par rapport au lieu d'où nous les regardons. Aux yeux de celui qui vogue dans un vaisseau, tout ce qui est transporté avec lui, quoique mu, paroît immobile; et tout ce qui est au-dehors, quoiqu'immobile, paroît mu. La terre est peut-être ce vaisseau : si nous ne sentons point son mouvement, c'est qu'elle est poussée par une force égale et uniforme ; et si nous n'appercevons pas celui des objets qu'elle transporte, c'est qu'ils conservent entr'eux et nous les mêmes rapports de situation. Vue d'une autre planète, c'est à elle que nous attribuerions tout le mouvement ; et la planète, d'où

nous l'observerions, nous paroîtroit immobile. Supposons-nous successivement dans Mercure, Vénus, Mars, etc.; chacun de ces astres nous paroîtra comme un centre autour duquel tous les cieux feront leurs révolutions. Toutes ces apparences ne prouvent donc rien.

La lune présente successivement différentes phases. Or, quand elle est pleine, il faut que nous nous trouvions directement entr'elle et le soleil, ou que le soleil soit directement entr'elle et nous. Ce sont les deux seules positions où tout son disque peut se montrer à la fois.

Les différentes phases de la lune prouvent qu'elle se meut autour de la terre.

Mais la parallaxe du soleil étant si petite, qu'on a fait des tentatives inutiles pour la déterminer, il est prouvé que cet astre est à une plus grande distance que la lune. D'ailleurs, il suffit d'observer l'ombre que la lune et la terre se renvoyent tour à tour, lorsqu'elles s'éclipsent, pour être convaincu que le soleil est au-delà de l'orbite que décrit l'une de ces planètes autour de l'autre. Donc, lorsque la lune est pleine, nous sommes entr'elle et le soleil.

Une seconde conséquence de ce principe, c'est que la lune n'est nouvelle que parce que, se trouvant entre le soleil et la terre, elle tourne vers nous l'hémisphère qui est dans les ténèbres.

Enfin, vous conclurez qu'elle présente une partie plus ou moins grande de son disque, lorsqu'elle paroît parcourir les arcs compris entre le point où elle est pleine, et celui où elle est nouvelle. Les différentes phases de la lune sont représentées dans la figure 52.

Or par la même raison que ces rapports de position démontrent que la lune doit se montrer à la terre sous différentes phases, ils démontrent également que la terre doit se montrer à la lune sous autant de phases différentes; et les phénomènes seront les mêmes, soit qu'on suppose le mouvement de révolution dans la terre, soit qu'on le suppose dans la lune. Mais les principes, établis plus haut, prouvent que c'est la lune qui tourne proprement autour de la terre; car le centre commun de gravité est quarante fois plus près de la terre que de la lune.

Si on réfléchit sur ce dernier raisonnement, on reconnoîtra que les propositions démontrées sont identiques avec les observations ; car dire que la lune ou la terre tourne, c'est dire qu'elles changent de situation l'une par rapport à l'autre : et dire qu'elles changent de situation, c'est dire qu'elles se présentent différentes phases.

En considérant les effets qui doivent résulter des rapports de position, on reconnoîtra que la lune donneroit lieu aux mêmes phénomènes, si elle tournoit autour du soleil dans une orbite qui ne renfermât pas la terre. Tel est le cas de Vénus. Elle offre successivement les mêmes phases que la lune : lorsqu'elle est nouvelle, on la voit quelquefois passer comme une tache sur le disque du soleil : elle est pleine, lorsque le soleil est entr'elle et nous ; et dans les autres positions, elle ne laisse voir qu'une partie de son disque. Voyez la figure 53.

Les différentes phases de Vénus prouvent qu'elle tourne autour du soleil, dans une orbite plus petite que celle de la terre.

Si l'orbite d'une planète renfermoit tout-à-la fois la terre et le soleil, les phénomènes ne seroient plus les mêmes. Il est évident, que si on considère une planète

L'observation prouve que l'orbite de Mars renferme celle de la terre.

dans les différentes positions où elle seroit alors par rapport à nous, il n'y en a qu'une où sa rondeur seroit un peu altérée. C'est lorsqu'elle seroit à 90 degrés du soleil. Voyez la figure 54. Dans toute autre, son disque, toujours parfaitement rond, paroîtroit seulement plus petit ou plus grand, suivant qu'elle s'éloigneroit ou se rapprocheroit de nous: tel est Mars. L'évidence de fait et l'évidence de raison concourent donc à démontrer qu'il tourne autour du soleil dans une orbite qui renferme celle de la terre.

Elle prouve la même chose de celle de Jupiter et de celle de Saturne.

Les mêmes observations et le même raisonnement sont applicables à Jupiter et à Saturne. Mais tandis que les inégalités du diamètre apparent sont fort sensibles dans Mars, elles le sont beaucoup moins dans Jupiter, et moins encore dans Saturne, preuve évidente que Jupiter fait sa révolution au-delà de l'orbite de Mars, et que Saturne fait la sienne au-delà de l'orbite de Jupiter.

Raisons qui prouvent que Mercure fait sa révolution autour du soleil.

Mercure est trop près du soleil pour être observé comme les autres planètes; mais ce qui prouve qu'il fait sa révolution, c'est qu'il faut le supposer pour trouver dans son cours la même régularité que dans celui des autres planètes. Si l'évidence de fait et l'évidence de raison nous manquent à cette occasion, il ne faut pas croire que la révolution de Mercure autour du soleil soit une supposition gratuite; elle est suffisamment indiquée; et pour n'être pas évidente, elle n'en est pas moins hors de doute ; elle est prouvée d'ailleurs par les lois de la gravitation.

Parmi les planètes, les unes décrivent des orbites autour de la terre et du soleil; on les nomme *supérieures*, parce qu'elles sont en effet plus élevées que nous, par rapport à cet astre qui est véritablement en bas, puisque c'est le centre vers lequel tout pèse. Les autres parcourent des orbites au-delà desquelles nous nous trouvons, et on les nomme *inférieures*, parce qu'étant plus près du soleil, elles sont en effet plus bas que nous.

Les planètes supérieures et les planètes inférieures font leurs révolutions dans des temps inégaux.

Toutes les planètes, comme nous l'avons remarqué, font leurs révolutions dans des temps inégaux, et elles précipitent ou retardent leurs cours, suivant qu'elles sont dans leur aphélie ou dans leur périhélie.

Quels seroient pour nous les phénomènes, si nous nous placions au centre de ces révolutions.

Si nous nous placions au centre de ces révolutions, nous verrions tous ces corps avancer régulièrement chacun dans son orbite, et nous ne remarquerions d'autre variation, sinon que le mouvement en seroit plus lent ou plus rapide.

Phénomènes que nous verrions de Vénus.

Mais supposons-nous dans Vénus, que nous savons être transportée autour du soleil, et voyons quels seroient les phénomènes.

Fig. 55.

Supposons le soleil en S, que A B C D soit l'orbite de Mercure, planète inférieure, par rapport à Vénus, et que M O N soit une portion de la sphère des étoiles fixes.

Ces deux planètes, ainsi que toutes les autres, sont transportées d'occident en orient, mais Mercure, ayant un mouvement plus rapide, passe et repasse par les mêmes points, avant que Vénus ait achevé sa révolution.

Lorsqu'il se meut de C par D en A, il doit paroître aux habitans de Vénus, aller de M par O en N, c'est-à-dire, qu'il doit paroître se mouvoir, suivant l'ordre des signes, d'occident en orient, et son mouvement est direct.

Lorsqu'il va de A en F, il tend vers Vénus dans la direction d'une ligne droite. Il devroit donc paroître s'arrêter dans le même point du ciel. Mais parce que Vénus se meut, il paroîtra se mouvoir avec le soleil d'occident en orient. Il sera donc encore direct.

Depuis f jusqu'en g, Mercure va d'un mouvement plus rapide que Vénus. Il paroîtra donc se mouvoir de N en O, contre l'ordre des signes, d'orient en occident ; c'est-à-dire, qu'il paroîtra rétrograder.

Enfin, si Mercure, étant en F au moment que Vénus est en u, parcourt la courbe F f dans le même temps que Vénus parcourt la courbe u V, la ligne qui passe par le centre des deux planètes, sera transportée d'un mouvement parallèle : en ce cas Mercure ne paroîtra pas changer de lieu, par rapport à Vénus; il sera donc jugé stationnaire. L'observation sera encore la même, si Mercure va de g en G, lorsque Vénus va de V en u.

Les mêmes phénomènes auront encore

lieu de Vénus à une planète supérieure, telle que Mars.

Fig. 56.

Planche VI.

Soit Mars en M, et Vénus en A ; Mars paroîtra stationnaire, tant que les lignes droites, que vous concevez tirées de l'une à l'autre planète, resteront parallèles.

Lorsque Vénus va de A en C par B, Mars paroîtra se mouvoir dans l'ordre des signes, soit par le mouvement qui lui est propre, soit par celui de Vénus, transportée dans la partie du cercle qui est au-delà du soleil. Mars sera donc direct.

Enfin, lorsque Vénus passe de C en A par D, elle laisse Mars derriere elle, parce qu'elle se meut plus rapidement. Mars paroîtra donc avancer contre l'ordre des signes, et il sera rétrograde.

Ces phénomènes prouvent que la terre se meut autour du soleil.

Tels sont les phénomènes qui seroient vus de Vénus. Or nous les appercevons nous-mêmes ces phénomènes. Notre terre fait donc, comme toutes les planètes, une révolution autour du soleil : et tout prouve que nous ne sommes pas le centre de notre système.

CHAPITRE VIII.

Des recherches qu'on a faites sur la figure de la terre.

Un corps ne peut se mouvoir autour d'un centre, qu'il ne fasse continuellement effort pour s'en écarter : cet effort est d'autant plus grand, qu'il décrit un plus grand cercle dans un temps donné ; et il y a en lui une force centrifuge plus grande. Or, dans le même temps, dans 24 heures, toutes les parties de la terre décrivent des cercles. Il y a donc dans toute la surface une force centrifuge ; et cette force est inégale, parce que les cercles décrits sont inégaux. Le plus grand cercle est sous l'équateur : tous les autres diminuent insensiblement, en sorte que ceux qui se terminent aux pôles, peuvent être regardés comme deux points. La force centrifuge est donc plus grande sous l'équateur que partout ailleurs ; elle diminue ensuite comme les cercles : elle s'éteint aux pôles.

Le mouvement de rotation donne aux parties de la terre une force centrifuge plus ou moins grande.

La pesanteur est donc moins grande sous l'équateur, et la terre est applatie aux poles.

Mais cette force centrifuge est contraire à la pesanteur. La pesanteur est donc moindre sous l'équateur que sous les poles ; et par conséquent l'équilibre des eaux demande que, tandis que la surface de la mer s'éloigne d'un côté, du centre de la terre, elle s'en rapproche de l'autre. Les colonnes sont donc plus longues sous l'équateur, plus courtes sous les poles : d'où l'on doit conclure l'applatissement de la terre.

Rien n'étoit plus naturel que ce raisonnement : cependant, lorsque sous Louis XIV, Picard mesura le méridien, on n'avoit point encore pensé à révoquer en doute la sphéricité de la terre : voilà où l'on en étoit en 1670.

Expérience qui le confirme.

Quelques expériences ayant fait soupçonner que la pesanteur est moindre sous l'équateur qu'aux poles, l'observation du pendule à 5 degrés de latitude le confirma. Richer, étant à Cayenne, trouva que son horloge à pendule retardoit de 2 minutes 28 secondes chaque jour. Or, si l'aiguille marque moins de secondes pendant une révolution des étoiles, c'est que le pendule fait moins d'oscillations, et si le pendule fait moins d'oscillations, c'est qu'ayant moins de pesanteur, il tombe plus lentement dans la verticale. Il est vrai que la chaleur pourroit produire le même effet en alongeant la verge du pendule : car, toutes choses d'ailleurs égales, un pendule plus long oscille plus lentement. Mais les observations prouvent que les chaleurs de la Cayenne ne sauroient alonger la verge du pendule, au point de causer dans le mouvement de l'aiguille un retardement de 2 minutes 28 secondes par jour.

Il fut donc démontré que la pesanteur est moins grande sous l'équateur. Alors on conclut que la terre est applatie vers les poles, et cette conséquence parut évidente aux plus grands calculateurs, Huyghens et Newton. Mais si les calculs sont sûrs, ils portent souvent à faux. Dans l'application de la géométrie à la physique, il est assez ordinaire de calculer, avant de s'être assuré des suppositions sur lesquelles on s'appuie. Les questions sont si compliquées, qu'on ne peut pas répondre de faire entrer dans la théorie toutes les considé-

Figure qu'on donne en conséquence à la terre.

rations nécessaires. Huyghens et Newton vont nous en donner un exemple.

La théorie de ces deux mathématiciens s'accorde à donner à la terre la figure d'un sphéroïde elliptique applati vers les poles.

Résultat de la théorie d'Huyghens à ce sujet. Huyghens supposoit que tous les corps tendent précisément au même centre, et qu'ils y tendent tous avec le même degré de force, à quelque distance qu'ils en soient. De-là il concluoit que la force centrifuge peut seule altérer la pesanteur; et il trouvoit que l'axe de la terre est au diamètre de l'équateur, environ comme 577 à 578.

Résultat de la théorie de Newton. Newton raisonnoit sur une autre hypothèse; il supposoit que la pesanteur est l'effet de l'attraction par laquelle toutes les parties de la terre s'attirent mutuellement en raison inverse du carré des distances. Alors ce n'étoit plus assez de déterminer avec Huyghens, de combien la terre devoit être applatie par la force centrifuge; il falloit encore déterminer de combien la terre, déja applatie par cette force, devoit l'être encore par la loi de l'attraction; et il trouvoit que l'axe est au diamètre de l'équateur, comme 229 à 230.

L'hypothèse d'Huyghens est contrariée par l'observation du pendule, et par la mesure des degrés qui font l'applatissement de la terre beaucoup plus grand que sa théorie ne le suppose. Mais le succès du système de Newton suffisoit pour lui donner l'exclusion. *La théorie d'Huyghens est défectueuse.*

A la vérité, la loi de l'attraction étoit une considération que la théorie ne devoit pas oublier; et Newton avoit par-là un avantage. Cependant, la solution qu'il a donnée est insuffisante et imparfaite à certains égards. *Newton*, dit M. d'Alembert, *supposoit d'abord que la terre est elliptique, et il déterminoit, d'après cette hypothèse, l'applatissement qu'elle doit avoir..... C'étoit proprement supposer ce qui étoit en question.* Voilà ce que c'est que le calcul, lorsqu'on l'applique à la solution des problêmes compliqués de la nature. *Celle de Newton l'est aussi.*

Messieurs Stirling et Clairaut ont cru démontrer que la supposition de Newton est légitime, et que la terre est un sphéroïde elliptique; mais ils raisonnent eux-mêmes sur des hypothèses qui auroient *La théorie ne sauroit prouver que la terre a une figure régulière.*

besoin d'être prouvées : et M. d'Alembert assure, qu'en faisant d'autres suppositions, il démontre lui-même, dans ses recherches sur le systéme du monde, que toutes les parties du sphéroïde pouroient être en équilibre, quoique la terre n'eût pas une figure elliptique : il fait plus ; c'est que, dans la supposition où les méridiens ne seroient pas semblables, où la densité varieroit non seulement d'une couche à l'autre, mais encore dans tous les points d'une même couche, il croit démontrer que l'équilibre pourroit encore se maintenir par les lois de l'attraction, et que, par conséquent, il pourroit avoir lieu dans la supposition où la terre auroit une figure tout-à fait irrégulière. Il n'est donc pas même possible à la théorie de prouver la régularité de la figure de la terre. Les lois de l'hydrostatique, sur lesquelles elle porte, ne la prouveroient que dans la supposition où la terre, ayant été primitivement fluide, auroit conservé la forme d'un sphéroïde applati, forme que la gravitation mutuelle de ses parties, combinées avec la rotation autour de l'axe, lui auroit fait prendre. Mais, demande

M. d'Alembert, est-il bien prouvé qu'elle ait été originairement fluide? et quand, l'ayant été, elle eût pris la figure que cette hypothèse demandoit, est-il bien certain qu'elle l'ait conservée !

Les parties d'un sphéroïde fluide devroient être disposées avec une certaine régularité, et sa surface devroit être homogène : or nous ne remarquons ni homogénéité sur la surface de la terre, ni régularité dans la distribution de ses parties. Tout paroît, au contraire, jeté comme au hasard dans la partie que nous connoissons de l'intérieur, et de la surface de notre globe : et comment pourra-t-on croire que sa figure primitive n'a pas été altérée, si on considère les bouleversemens dont il reste des traces évidentes ?.

La théorie porte donc sur des suppositions qu'il est impossible de prouver, et qu'on n'admet pour certaines, que parce qu'on ne voit pas pourquoi elles seroient fausses.

On l'a voulu confirmer, cette théorie, par des observations et par la mesure des degrés en différens lieux : mais les raisonnemens

<small>Faux raisonnemens qu'on fait pour défendre la théorie.</small>

ont quelquefois été faux, les mesures peu d'accord entr'elles, et les difficultés se sont multipliées.

La terre, a-t-on dit, a une figure régulière, et ses méridiens sont semblables, si l'équateur est exactement un cercle : or la circularité de l'ombre de la terre, dans les éclipses de lune, prouve la circularité de l'équateur.

Ce qu'il y a de singulier, c'est que ceux qui font ce raisonnement sont persuadés que les méridiens ne sont pas des cercles. Mais comment veulent-ils que l'ombre de la terre soit une preuve de la circularité de l'équateur, et qu'elle n'en soit pas une de la circularité des méridiens ?

Si, en partant des mêmes latitudes, dit-on encore, on parcourt des distances égales, on observera les mêmes hauteurs du pole. Donc les méridiens sont semblables, et la terre a une figure régulière.

Ceux qui parlent ainsi, supposent tacitement que les mesures terrestres et les observations astronomiques sont susceptibles de la dernière précision. Car auroient-ils l'esprit assez peu conséquent pour dire : ces mesures et ces observations sont nécessairement sujettes à erreur; donc nous devons juger par elles de la courbure des méridiens? J'avoue cependant qu'ils seroient fondés, si ayant mesuré à même latitude un grand nombre de méridiens, les résultats s'étoient toujours trouvés à peu près les mêmes : cet accord prouveroit l'exactitude des observateurs. Mais sur six degrés qu'on a mesurés, il n'y en a que deux à même latitude; celui de France et celui d'Italie; et on a trouvé qu'ils diffèrent de plus de 70 toises.

On dit encore : les règles de la navigation dirigent d'autant plus sûrement un vaisseau, qu'elles sont mieux observées. Or ces règles supposent à la terre une figure regulière; donc, etc.

Je réponds que ces règles ont encore moins de précision que ces mesures et ces observations dont nous venons de parler; et que, par conséquent, elles sont encore plus fautives. Ignore-t-on l'imperfection des méthodes par lesquelles on mesure le chemin qu'a fait un vaisseau, et on juge du lieu où il est; et les estimations nautiques ne sont-elles pas sujettes à bien des erreurs? Les méthodes de navigation sont si imparfaites, que, quand on connoîtroit parfaitement la figure de la terre, le pilote n'en tireroit aucun avantage.

Cette théorie porte sur des suppositions qu'on ne prouve pas.

La théorie de la figure de la terre porte sur trois suppositions, qui n'ont pas encore été rigoureusement démontrées. C'est que le plan du méridien, qui passe par la ligne du zénith, passe par l'axe de la terre; et que la ligne verticale passe par le même axe, et qu'elle est perpendiculaire à l'horison. On a été long-temps sans avoir aucun doute sur ces suppositions : il est vrai qu'elles ne sont pas aussi gratuites que d'autres, que je vous ai fait remarquer. Plusieurs phénomènes les indiquent : car la rotation uniforme de la terre sur son axe, la précession des équinoxes, et l'équilibre des eaux qui couvrent la plus grande partie de la surface, paroissent s'accorder parfaitement avec ces suppositions. Vous avez vu que le rapport, entre la durée des jours et des nuits, varie d'un climat à l'autre, c'est-à-dire, à différentes latitudes. Or on a calculé ces différences, en supposant la terre régulière, et le calcul se trouve d'accord avec les observations.

On a mesuré en Italie un degré du méridien à une même latitude, que celui qui a été mesuré en France; les résultats ne se sont pas trouvés semblables. Voilà la plus forte difficulté contre la régularité de la figure de la terre : cependant cette différence est si petite, qu'elle peut être attribuée aux observations. Pour éclaircir cette question, il faudroit, comme le dit M. d'Alembert, mesurer à la même latitude, et à une distance considérable, un grand nombre de méridiens, et faire dans chaque lieu l'observation du pendule.

Mesures qui sembleroient prouver que les degrés ne sont pas semblables, à même latitude.

Mais en supposant que les méridiens sont semblables, il resteroit à savoir si ce sont des ellipses. On n'a pas hésité de l'assurer, parce que cette figure s'accorde parfaitement avec les lois de l'hydrostatique : mais M. d'Alembert croit avoir démontré que toute autre figure s'accorde également avec ces lois, sur-tout si on ne suppose pas la terre homogène. Passons aux mesures qui ont été prises.

Quand les méridiens seroient semblables, il n'est pas prouvé qu'ils soient des ellipses.

Pour vous faire une idée des principes

On a mesuré plusieurs degrés du

méridien, pour déterminer l'applatissement de la terre.

et des conséquences de cette opération, il faut vous rappeler, que si l'on voit les étoiles s'élever ou s'abaisser à proportion du chemin qu'on fait sur le méridien, c'est uniquement parce qu'on a marché sur une surface courbe; que, par conséquent, la terre est sphérique, si, après des longueurs égales de chemin, on voit les étoiles s'élever ou s'abaisser d'une quantité égale, et qu'au contraire elle ne l'est pas, si, pour trouver la même quantité dans l'élévation, il faut faire sur le méridien des trajets inégaux. Il est évident qu'elle sera plus courbe, dans la partie sur laquelle il faudra faire moins de chemin, pour voir les étoiles s'élever d'un degré, et qu'elle sera plus applatie dans la partie où il faudra faire plus de chemin, pour voir les étoiles s'élever pareillement d'un degré. Par conséquent, les mesures déterminent l'applatissement de la terre, si elles déterminent dans quelle proportion croissent les degrés terrestres.

Mais on a toujours supposé à la terre une figure régulière.

Pour faciliter ces opérations, on fait ce raisonnement. La terre a certainement une figure régulière; donc, si elle est sphérique, ses degrés seront tous égaux; et si elle n'est pas sphérique, ses degrés croîtront ou décroîtront dans une certaine proportion : par conséquent, en déterminant à des latitudes connues la valeur de deux degrés, on découvrira la valeur des autres, et on connoîtra le rapport de l'axe de la terre au diamètre de l'équateur.

On voit qu'alors la question n'étoit pas de savoir si la figure de la terre est régulière : on le supposoit comme hors de doute quoique la chose ne fût pas suffisamment prouvée. Il s'agissoit seulement de savoir si la terre est applatie vers les poles, et de combien elle doit l'être.

Les premières mesures furent celles de Messieurs Cassini : *elles furent répétées*, dit M. de Maupertuis, *en différens temps, en différens lieux, avec différens instrumens et par différentes méthodes ; le gouvernement prodigua toute la dépense et toute la protection imaginable, et le résultat de six opérations faites en* 1701, 1713, 1718, 1733, 1736, *fut toujours que la terre étoit alongée vers les poles.*

On jugea, avec raison, que ces mesures

ne renversoient pas évidemment la théorie. Les erreurs inévitables dans les observations faites avec le plus de soin, ne permettent pas de déterminer avec précision des degrés aussi peu distans que ceux qu'avoient mesurés Messieurs Cassini. On imagina donc de mesurer des degrés plus éloignés, et on envoya des académiciens au Pérou et en Laponie.

Au Pérou et en Laponie ;

A leur retour, il ne s'agissoit plus que de savoir dans quelles proportions étoient les mesures prises au Nord, au Pérou, et en France. Mais la chose fut d'autant plus difficile, que le degré de France, quoique plus mesuré, ou parce qu'il l'a été plus, est celui sur lequel on s'accorde le moins.

Au Cap de Bonne-Espérance ;

En 1752, M. l'Abbé de la Caille, se trouvant au Cap de Bonne-Espérance, mesura un degré à 33 degrés 18 minutes au-delà de l'équateur.

En Italie.

Ajoutez à cela le degré mesuré en Italie; nous aurons des degrés mesurés en cinq lieux différens ; en France, au Nord, au Pérou, au Cap de Bonne-Espérance, et en Italie.

Après toutes ces entreprises, la détermination de la figure de la terre en est devenue plus difficile; parce que les mesures, prises en différens lieux, ne s'accordent pas à donner à la terre la même figure. Les expériences du pendule contrarient même la théorie de Newton; car elles font la terre plus applatie que ce philosophe ne le suppose.

Les doutes subsistent.

Qu'est-ce donc que cette théorie si sublime, ces calculs si bien démontrés? Que résulte-t-il des efforts des plus grands mathématiciens? Des raisonnemens certains, qui portent sur des suppositions incertaines. Les mesures viennent à l'appui; mais avec elles viennent aussi des erreurs inévitables; et plus on mesure, moins il semble qu'on est d'accord. Si l'on compare les moyens de prouver le mouvement de la terre, avec les moyens d'en déterminer la figure, on trouvera d'un côté une évidence complette, une évidence qui ne suppose rien; et de l'autre une évidence, qui laisse derrière elle un nuage où l'on suppose tout ce qu'on veut, parce que la lumière n'y pénètre jamais. Le public, prévenu à juste titre pour le génie des inventeurs, croit légèrement que tout est démontré, parce qu'il ne sait pas pourquoi tout ne le seroit pas. Le philosophe, applaudi par des aveugles, devient aveugle lui-même : bientôt la prévention est générale ; et on a peine à trouver des observateurs auxquels on puisse donner une confiance entière.

Il est vrai que si le public croit trop facilement aux démonstrations, il y a toujours parmi les écrivains des contradicteurs, qui ne veulent pas qu'on ait fait des découvertes auxquelles ils n'ont point eu de part. Ils ne paroissent occupés qu'à remarquer ce qui n'a pas été fait, et qu'à contester ce qui l'a été. Ils font fort bien : car il est avantageux, pour la vérité même, que les inventeurs aient des contradicteurs.

CHAPITRE IX

Principaux phénomènes expliqués par le mouvement de la terre.

Vous savez déjà l'explication de plusieurs phénomènes; mais je crois à propos d'en rassembler quelques-uns sous vos yeux, afin de vous faire mieux saisir l'ensemble de tout le système. Pourquoi nous voyons le ciel comme une voûte surbaissée.

L'espace immense des cieux, est par lui-même sans lumière et sans couleur: mais les rayons des corps célestes tombant sur l'air qui nous environne, se brisent, se réfléchissent, et se répandant suivant toutes sortes de directions, éclairent l'atmosphère. Sans ces différentes réfractions qui dispersent les rayons, et les font venir de toutes parts à nos yeux, nous ne verrions les astres que comme des corps lumineux, placés dans un espace noir. Ces rayons, ainsi répandus, colorent donc l'espace; et les cieux prennent cette couleur bleue que nous appercevons.

Dans l'habitude où nous sommes de rapporter les couleurs aux objets, notre œil crée pour ainsi dire, une voûte sur laquelle il étend cette couleur bleue : car, voyant toujours dans la direction d'une ligne droite, notre œil tire, du lieu où nous sommes comme centre, des lignes en tout sens, et place à l'extrémité de chacune un point coloré.

Nous terminons naturellement toutes ces lignes, parce que nous ne pouvons jamais voir les objets qu'à une distance déterminée. Si nous les imaginons un peu plus longues, lorsque nous regardons horisontalement, l'espace que nous appercevons sur notre hémisphère, et les objets situés à différentes distances nous y obligent. Mais nous les imaginons, au contraire, un peu plus courtes, lorsque nous élevons la vue vers le zénith, parce que dans cet intervalle il n'y a point d'objets qui, mesurant l'espace, nous engagent à donner plus de longueur aux lignes. Voilà pourquoi nous nous représentons le ciel comme une voûte surbaissée, à laquelle nous collons tous les astres, ceux qui sont plus loin, comme ceux qui sont plus près. Cette voûte est donc un être imaginaire.

La terre tournant sur son axe en 24 heures, cette voûte paroît chaque jour tourner autour de la terre, et emporter tous les astres avec elle. Par-là les étoiles fixes décrivent des cercles parallèles, mais inégaux : en sorte que les unes se meuvent dans de si petits cercles qu'elles paroissent immobiles ; tandis que les autres sont transportées dans de plus grands, avec une vîtesse qui augmente comme les cercles.

Pourquoi cette voûte paroît tourner en 24 heures.

Si la terre n'avoit que ce mouvement, nous rapporterions toujours le soleil au même point du ciel : mais parce qu'elle est transportée sur son orbite *a b c d*, nous devons voir le soleil S répondre successivement à différens signes. Quand, de son aphélie *a*, elle va en *b*, le soleil doit paroître aller de A en B, etc. en sorte que la terre est toujours dans le signe opposé à celui où nous supposons le soleil.

Pourquoi le soleil paroît se mouvoir dans l'écliptique. Fig. 57.

Si le plan de l'écliptique étoit le même que celui de l'équateur, le soleil paroîtroit décrire tous les jours le même cercle ; il n'y auroit sur toute la terre qu'une seule

Pourquoi il paroît aller d'un tropique à l'autre.

saison; et les poles n'auroient plus de nuit.

Mais parce que l'orbite que la terre parcourt fait un angle de 23 degrés et demi avec l'équateur, c'est une conséquence que le soleil paroisse décrire chaque jour différens parallèles et aller alternativement d'un tropique à l'autre.

Ce qui nous donne des saisons différentes, et des jours plus ou moins longs.

Par ce mouvement de la terre, la déclinaison du soleil varie; ses rayons tombent tantôt plus, tantôt moins obliquement sur chaque hémisphère, et la chaleur diffère, suivant la situation des climats par rapport au soleil. De-là résulte encore le phénomène des jours plus ou moins longs pour tous les lieux qui ne sont pas sous l'équateur.

Les orbites des planètes coupent le plan de l'écliptique.

Le mouvement de la terre et celui des planètes combinés, produisent encore d'autres apparences; mues autour du soleil, elles doivent paroître se mouvoir autour de la terre.

Si le plan de leur orbite se confondoit avec le plan de l'orbite de la terre, elles suivroient toujours le cours du soleil, et ne s'écarteroient jamais de l'écliptique. Cela n'est pas: leurs orbites, au contraire, font des angles plus ou moins grands avec celle de la terre; et elles paroissent décrire des cercles qui coupent l'écliptique. Voilà pourquoi on rapporte au plan de ce cercle les mouvemens annuels des planètes, comme on rapporte leurs mouvemens diurnes au plan de l'équateur. De-là se sont formés tous les cercles de la sphère.

On nomme *nœuds* les points où les orbites des planètes coupent l'écliptique. Lorsqu'une planète se trouve dans ses nœuds, elle est dans la ligne qui passe par le centre du soleil et de la terre. Or les planètes sont inférieures ou supérieures.

<small>Les planètes dans leurs nœuds et hors de leurs nœuds.</small>

Lorsque les planètes inférieures sont dans leurs nœuds, elles sont en-deçà ou au-delà du soleil; en-deçà, elles paroissent comme une tache qui passe sur cet astre; au-delà, elles ne sauroient être apperçues, parce que le soleil est directement entr'elles et nous.

Si elles sont hors de leurs nœuds, c'està-dire, à quelques degrés de latitude, elles présentent leur disque en entier, quand elles se meuvent au-delà du soleil : en-deçà, elles disparoissent tout-à-fait, parce que l'hémisphère qu'elles tournent vers la terre est dans les ténèbres. Enfin dans les deux autres parties de leur orbite, elles nous montrent une partie plus ou moins grande de l'hémisphère qui réfléchit la lumière : elles croissent et décroissent alternativement.

Quant aux planètes supérieures, elles ne disparoissent que lorsqu'étant dans leurs nœuds, le soleil est directement entr'elles et nous. Dans toute autre position leur disque paroît tout entier. Il n'y a que Mars dont le disque est un peu altéré à 90 degrés, c'est-à-dire, lorsqu'il est entre les points de conjonction et d'opposition. L'éloignement nous empêche d'observer le même phénomène dans Jupiter et dans Saturne.

Les planètes supérieures sont en conjonction ou en opposition : en conjonction, quand elles sont du même côté que le soleil ; en opposition, quand elles sont du côté opposé, c'est-à-dire, à 180 degrés. Les planètes inférieures sont en conjonction de deux manières, et jamais en opposition.

Les planètes inférieures paroissent toujours accompagner le soleil.

Les planètes inférieures n'étant jamais en opposition, accompagnent toujours le soleil. Elles paroissent seulement s'en rapprocher ou s'en éloigner. Si, de la terre A, vous tirez à l'orbite de Vénus les tangentes A B et A C, il est évident que cette planète ne sera jamais à une plus grande distance du soleil que B V ou V C. Voilà pourquoi les planètes inférieures accompagnent toujours le soleil. La distance où elles paroissent être de cet astre, est ce qu'on nomme *élongation*.

Fig. 50.

Les satellites ont aussi leurs phénomènes : je ne vous parlerai que de la lune ; car mon dessein n'est pas de vous donner un traité d'astronomie.

La lune et la terre, transportées autour d'un centre commun qui décrit une orbite autour du soleil, se trouvent, l'une par rapport à l'autre, tour à tour en conjonction et en opposition.

Pourquoi on distingue deux mois lunaires.

Cependant ce phénomène n'arrive pas à chaque révolution que ces planètes font autour de leur centre de gravité. Au moment que la lune achève sa révolution, elle ne peut pas se retrouver en conjonction, parce que, pendant qu'elle la faisoit, son orbite étoit transportée par la terre qui avançoit elle-même dans la sienne. Lorsque sa révolution est achevée, il faut donc qu'elle en recommence une autre et qu'elle fasse une partie de cette nouvelle révolution, avant de se retrouver en conjonction, et, par conséquent, il lui faut plus de temps pour revenir en conjonction, que pour achever son orbite. C'est ce qui a fait distinguer deux mois lunaires ; l'un périodique, c'est le temps que la lune emploie à faire sa révolution dans son orbite, il est de 27 jours 7 heures ; l'autre synodique, c'est le temps qui s'écoule d'une conjonction à l'autre, il est de 29 jours et demi.

Différentes positions de la lune. La lune est invisible, lorsqu'elle est en conjonction, et on la nomme *nouvelle :* elle paroît toute entière, lorsqu'elle est en opposition, et on la nomme *pleine ;* dans les autres parties de son orbite, elle croît ou décroît : c'est le temps de ses quadratures ou quartiers.

Éclipses. Lorsque la lune est dans ses nœuds, il y a éclipse de soleil toutes les fois qu'elle est en conjonction ; et éclipse de lune, toutes les fois qu'elle est en opposition : car dans l'un et l'autre cas les rayons du soleil sont interceptés.

Si la lune a peu de latitude, elle ne sera pas bien loin de ses nœuds : en ce cas l'éclipse sera plus ou moins grande.

Il n'y a donc éclipse, que lorsque la lune se trouve dans le cercle que le soleil paroît décrire en une année, ou qu'elle n'en est pas bien loin. C'est ce qui a fait donner à ce cercle le nom d'*écliptique*.

RR soit le plan de l'écliptique dans lequel se trouve toujours le centre de l'ombre de la terre; O O le chemin de la lune, N le nœud.

Fig. 19.

Quand l'ombre de la terre est en A, elle tombe à côté de la lune que je suppose en F, et il n'y a point d'éclipse.

Quand la lune est en G, elle est en partie obscurcie par l'ombre de la terre qui tombe en B; c'est le cas d'une éclipse partielle; en H, elle entre dans l'ombre; en L, elle en sort; en I, elle y est tout-à-fait : alors l'éclipse est totale. Enfin en N, l'éclipse est centrale, parce que le centre de la lune se trouve dans le centre de l'ombre. L'ombre de la terre, ainsi que celle de la lune, est conique; parce que le diamètre du soleil est plus grand que celui de ces planètes. Aussi remarque-t-on que le diamètre de l'ombre de la terre, sur la lune, est environ d'un quart plus petit que le diamètre de la terre.

Comme la terre intercepte les rayons qui tomberoient sur la lune, la lune intercepte aussi les rayons qui tomberoient sur la terre. C'est ce qui produit les éclipses de soleil, qui sont proprement des éclipses de terre.

Ces éclipses sont non seulement tour à tour partiales, totales et centrales; elles sont encore annulaires: c'est ce qui arrive lorsque la lune est dans son apogée. Alors son ombre ne parvenant pas jusqu'à la terre, elle ne cache que le centre du soleil, et les rayons qui se transmettent jusqu'à nous, forment tout autour un anneau lumineux.

On distingue, dans les éclipses, une ombre et une pénombre. Soient les lignes A p et B p, tangentes à la lune, tirées des deux extrémités du diamètre A B du soleil. Soit encore M N une partie de l'orbite de la terre. Il est évident que la terre étant en M, nous devons voir le disque entier du soleil; que nous devons le perdre de vue, à mesure que la terre va de M en *p*; et qu'en p p il doit disparoître tout-à-fait, pour reparoître à mesure que la terre avance de *p* en N. Or comme p p est le lieu de l'ombre, les intervalles p M et p N sont le lieu de la pénombre.

Vous conclurez de-là que l'éclipse de soleil est différente, suivant les lieux d'où elle est observée. Elle n'est pas la même pour ceux qui sont dans l'ombre, et pour ceux qui sont dans la pénombre. Elle est partielle pour les uns, tandis qu'elle est totale ou centrale pour d'autres. Quant à l'éclipse de lune, elle est la même pour tous les lieux d'où elle est apperçue.

L'observation ayant fait connoître les orbites des planètes et le temps des révolutions, vous comprenez comment on peut prédire les éclipses : il ne faut faire que des calculs.

Les éclipses sont utiles aux géographes pour déterminer la longitude des lieux.

Les éclipses servent à déterminer les longitudes.

La terre tournant sur son axe, toutes les parties de sa surface passent successivement sous le méridien; et il est midi sur tous les points de la ligne ou du demi-cercle qui, allant directement d'un pole à l'autre, coïncide avec le méridien, ou se trouve dans le même plan.

Concevons de pareilles lignes sur toute la surface du globe, elles viendront successivement sous le méridien. Quand il sera midi dans un point d'une ligne, il le sera dans tous les points; mais il ne le sera jamais dans deux lignes à la fois. S'il est midi pour nous, ceux qui doivent passer dans le plan du méridien, une heure après, ne comptent qu'onze heures; et s'il est midi pour eux, il sera une heure pour nous. Ainsi des autres successivement.

Chacune de ces méridiennes se retrouve au bout de 24 heures dans le plan du méridien. Parcourant donc 360 degrés en 24 heures, elle parcourt en une heure la 24me partie de 360, c'est-à-dire, 15 degrés. Quand donc il est midi à Parme, il est onze heures à 15 degrés vers l'occident, et une heure à 15 degrés vers l'orient Ainsi comme je dois juger que tous les lieux qui comptent midi, en même temps que nous, sont dans la même méridienne, je dois juger à 15 degrés de longitude occidentale ceux qui alors comptent onze heures, et à 15 degrés de longitude orientale ceux qui comptent une heure. Par conséquent, pour savoir la différente longitude de deux lieux, il me suffira de découvrir la différence des heures qu'on y compte au même instant.

Or cette différence se connoît par les éclipses de lune. En effet, que deux observateurs, situés dans des lieux différens, déterminent le moment de l'éclipse, on connoîtra la différence des longitudes, si la différence entre les deux instans est réduite en degrés, à raison de 15 par heure. On détermine encore les longitudes en observant les éclipses des satellites de Jupiter : la méthode est la même, et le résultat en est plus précis. Nous aurons occasion d'en parler.

Vous ne croiriez peut-être pas que le même jour puisse être pris avec raison pour le samedi, le dimanche et le lundi : c'est cependant une chose qui s'explique aisément.

Comment le même jour peut être pris pour trois jours différens.

Supposons qu'un homme entreprenne le

tour de la terre par l'orient. Arrivé à 15 degrés, il comptera une heure, quand nous compterons midi; à 30 degrés, deux heures; à 45 degrés, 3; à 60, 4, etc. Ainsi, comptant de 15 en 15 degrés une heure de plus, il comptera 24 heures ou un jour de plus, quand il reviendra à Parme, parce qu'il aura parcouru 24 fois 15 degrés ou 360.

Par la même raison, celui qui voyagera par l'occident, comptera une heure de moins de 15 en 15 degrés, c'est-à-dire, qu'au moment où il sera midi pour nous, il sera d'abord onze heures pour lui, puis dix, ensuite neuf, etc. Arrivé à Parme, il comptera donc un jour de moins. Par conséquent s'il juge qu'il est samedi, nous jugerons qu'il est dimanche, et il sera lundi pour celui qui aura voyagé par l'orient.

CHAPITRE X.

Idée générale du système du monde.

Les cieux sont semés de corps lumineux, qui, semblables à notre soleil, font vraisemblablement rouler des planètes dans différentes orbites ; et l'univers est un espace immense où il n'y a point de désert. Notre imagination est aussi embarrassée à lui donner des bornes, qu'à ne lui en pas donner.

<small>Corps qui sont hors de notre système planétaire.</small>

Toutes les étoiles sont à une si grande distance, que, vues à travers le meilleur télescope, elles paroissent plus petites qu'à l'œil nu. Ainsi c'est moins leur grandeur qui les rend sensibles, que la lumière vive qu'elles envoient jusqu'à nos yeux.

Parmi les étoiles il y en a qui paroissent et disparoissent régulièrement ; mais avec différens degrés de clarté. Quelquefois on en a vu tout-à-coup de nouvelles qui, après avoir successivement perdu leur lumière, ont disparu peu de temps après, pour ne plus se montrer.

Afin de distinguer les étoiles, on les rapporte à certains assemblages qu'on nomme *astérismes* ou *constellations*. Il y a douze constellations dans le zodiaque, et elles partagent l'écliptique en douze parties égales.

Le ciel est partagé en deux par le zodiaque. Une partie est septentrionale, et l'autre est méridionale : dans toutes deux on distingue encore plusieurs constellations.

On remarque de plus à l'œil nu la voie lactée, qui, observée au télescope, paroît n'être formée que d'un nombre prodigieux d'étoiles.

Enfin on découvre au télescope d'autres taches qui sont trop éloignées pour qu'on puisse distinguer les étoiles qui les produisent. Voilà à peu près toutes les connoissances que nous avons sur les corps qui sont hors de notre système planétaire.

Nombre des Planètes. Dix-sept corps forment notre système planétaire. Le soleil, en repos au milieu, ou n'ayant du moins qu'un très-petit mouvement, et seul lumineux. Tous les autres sont opaques, et ne brillent que d'une lumière empruntée. On les nomme *planètes*.

On distingue six planètes du premier ordre, Mercure, Vénus, la Terre, Mars, Jupiter et Saturne ; et dix du second ordre, ou secondaires ; les cinq satellites de Saturne, les quatre de Jupiter, et notre lune.

Les planètes du premier ordre, qu'on nomme aussi simplement *planètes*, décrivent des orbites elliptiques autour du soleil; et les planètes du second ordre, satellites ou lunes tournent autour d'une planète principale, et l'accompagnent dans son cours. Leurs orbites sont des ellipses.

Le soleil n'est pas au centre C des orbites, mais dans le foyer c. Ainsi la planète, à chaque révolution, s'approche et s'éloigne tour à tour du soleil. En *a* elle est dans son aphélie, et en A dans son périhélie. La distance entre le centre du soleil *c*, et le centre de l'orbite C, se nomme excentricité de la planète. Le soleil est dans un des foyers. Fig. 61.

Ces deux points A et *a*, considérés La ligne des absides.

ensemble, se nomment les *absides*; et la grand axe, qui est prolongé de l'un à l'autre, se nomme la ligne des absides. Aux extrémités du petit axe B b sont les distances moyennes.

<small>Les planètes se meuvent d'occident en orient dans des plans différens.</small> L'orbite de chaque planète se trouve dans un plan qui passe par le centre du soleil : tel est, pour la terre, le plan de l'écliptique.

Mais toutes les planètes ne se meuvent pas dans le même plan : elles ont chacune le leur; et tous ces plans coupent différemment celui de l'écliptique auquel nous les rapportons. Au reste, les planètes se meuvent toutes vers le même côté, c'est-à-dire, d'occident en orient, et tournent toutes, ainsi que le soleil, sur un axe. Il n'y a que Mercure et Saturne, dont on n'a pas encore pu observer le mouvement de rotation : ce mouvement se remarque dans les autres, par le moyen des taches qui paroissent et reparoissent régulièrement.

<small>Rapports de distance des planètes au soleil.</small> L'observation, et sur-tout le calcul, déterminent avec assez de précision les rapports de distance et de grandeur entre les planètes et le soleil. Ce n'est pas ce-

pendant qu'on puisse comparer ces dimensions avec des mesures connues : mais supposant la distance moyenne de la terre comme 10, celle de Mercure sera comme 4; de Vénus, comme 7; de Mars, comme 15; de Jupiter, comme 52; et de Saturne, comme 95. Je vous en ai tracé la figure.

Fig. 61. Planche VII.

On juge aussi que le diamètre de Mercure est la 300me. partie de celui du soleil; que le diamètre de Vénus en est la 100me, ainsi que celui de la Terre; celui de Mars la 170me; celui de Jupiter la 10me, et celui de Saturne la 11me : tout cela environ.

Rapports de grandeurs.

Ce qu'on connoît le mieux, c'est le temps de leurs révolutions. Mercure achève la sienne en trois mois, Vénus en 8, et tourne sur son axe en 23 heures.

Temps de leurs révolutions.

La révolution de Mars se fait autour du soleil en deux ans, et en 25 heures autour de son axe.

Celle de Jupiter, dans son orbite, est de douze ans, et il tourne rapidement sur son axe en 10 heures.

Enfin le temps périodique de Saturne est de 30 ans. On n'a pas pu observer combien il est à tourner sur son axe. Au reste, je ne détermine pas ces choses avec la dernière précision, et je néglige les minutes et les secondes.

On connoît encore la distance où les satellites sont de leur planète principale; mais c'est une chose qu'il suffira de vous montrer dans des figures où je vous représenterai aussi le temps de leurs révolutions. Voilà certainement autant d'astronomie qu'il vous en faut. C'en est assez, du moins pour vous mettre en état d'en apprendre un jour davantage. Vous aurez même occasion d'acquérir de nouvelles connoissances à cet égard, lorsque nous étudierons l'histoire des découvertes du seizième et du dix-septième siècles.

<small>Pl. VIII et IX.</small>

CHAPITRE DERNIER.

Conclusion.

J'ai essayé, Monseigneur, de vous faire juger des différens degrés de certitude dont nos connoissances sont susceptibles. Vous avez vu comment on fait des découvertes, comment on les confirme, et jusqu'à quel point on s'en assure. Je vous ai donné beaucoup d'exemples, et peu de règles, parce que l'art de raisonner ne s'apprend qu'en raisonnant. Il ne vous reste plus qu'à réfléchir sur ce que vous avez fait, et à contracter l'habitude de le refaire.

Les moyens qui vous ont donné des connoissances pourront vous en donner encore; vous concevez même qu'il n'en est pas d'autres : car, ou vous jugez de ce que vous voyez, ou vous jugez sur le rapport des autres, ou vous avez l'évidence, ou enfin vous concluez par analogie.

Mais vous devez sur-tout vous méfier

de vous-même, si vous voulez toujours prendre les précautions nécessaires pour acquérir de vraies connoissances. Souvenez-vous que, les vérités les mieux prouvées étant souvent contraires à ce que nous croyons voir, nous nous trompons, parce qu'il nous est plus commode de juger d'après un préjugé, que de juger le préjugé même. Ne croyez donc pas sur les apparences : apprenez à douter des choses mêmes qui vous ont toujours paru hors de doute : examinez.

Lorsqu'à un préjugé vous substituez une nouvelle opinion, ne précipitez pas encore votre jugement ; car cette opinion peut être une erreur. Rappelez-vous que nous n'arrivons pas tout à coup aux découvertes : nous y allons de conjecture en conjecture, de supposition en supposition ; en un mot, nous y allons en tâtonnant. Par conséquent, si les conjectures peuvent nous conduire, aucune n'est le terme où nous devions nous arrêter : il faut toujours avancer jusqu'à ce qu'on arrive à l'évidence ou à l'analogie.

Au reste si vous concevez que les méthodes ne sont que des secours pour votre esprit, vous concevez encore que vous devez étudier votre esprit pour juger de la simplicité et de l'utilité des méthodes. Il s'agit donc d'observer comment vous pensez, et de vous faire un art de penser, comme vous vous êtes fait un art d'écrire et un art de raisonner.

FIN DE L'ART DE RAISONNER ET DE CE VOLUME.

TABLE DES MATIÈRES.

ART DE RAISONNER.

Page 1.

L'HISTOIRE de la nature se divise en science de vérités sensibles, et en science de vérités abstraites. La métaphysique embrasse tous les objets de notre connoissance. Deux métaphysiques : l'une de sentiment, l'autre de réflexion. Trois sortes d'évidence.

LIVRE PREMIER.

Où l'on traite en général des différens moyens de s'assurer de la vérité.

CHAPITRE PREMIER.

De l'évidence de raison, pag. 10.

L'identité est le signe de l'évidence de raison. Exemple qui le prouve. Fig. 1. Planche I. Fig. 2. Fig. 3. Fig. 4. Autre exemple qui prouve que l'identité est le signe de l'évidence de raison. Fig. 5. Fig. 6. Fig 7.

CHAPITRE II.

Considérations sur la méthode exposée dans le chapitre précédent, pag. 34.

Comment l'identité s'apperçoit dans une suite de propositions. L'identité est sensible en arithmétique.

CHAPITRE III.

Application de la méthode précédente à de nouveaux exemples, pag. 38.

Ou nous connoissons l'essence véritable d'une chose, ou nous n'en connoissons qu'une essence secondaire, ou nous n'en connoissons aucune essence. Il faut s'assurer des connoissances qu'on a à cet égard. Quand on ne connoît aucune essence, il ne reste qu'à faire l'énumération des qualités. Nous ne connoissons l'essence véritable ni du corps, ni de l'ame. Nous en connoissons l'essence seconde. L'essence seconde du corps ne peut être identique avec l'essence seconde de l'ame. De l'essence seconde de l'ame, il s'ensuit que la réflexion n'est qu'une manière de sentir. Il s'ensuit encore que l'ame est une substance simple. Avantage de la méthode qu'on a suivie dans les raisonnemens précédens.

CHAPITRE IV.

De l'évidence de sentiment, pag. 49.

Il est difficile de remarquer tout ce qu'on sent. Il est difficile de s'assurer de l'évidence de sentiment. Parce que nous supposons ce qui n'y est pas. Parce que nous nous déguisons ce qui est en nous. Il y a cependant des moyens pour s'assurer de l'évidence de sentiment.

CHAPITRE V.

D'un préjugé qui ne permet pas de s'assurer de l'évidence de sentiment, pag. 57.

Pour s'assurer de l'évidence de sentiment, il faut apprendre à ne pas confondre l'habitude avec la nature. L'ame acquiert ses facultés comme ses idées. Il faut juger des qualités que nous croyons avoir toujours eues, par celles que nous savons avoir acquises. Comment nous pouvons juger de ce que nous avons acquis dès les premiers momens de notre vie.

CHAPITRE VI.

Exemples propres à faire voir comment on peut s'assurer de l'évidence de sentiment, pag. 64.

PREMIÈRE QUESTION.

Premier exemple.

SECONDE QUESTION.

Pag. 66.

Second exemple.

TROISIÈME QUESTION.

Pag. 69.

Troisième exemple.

AUTRES QUESTIONS.

Pag. 70.

Quatrième exemple.

CHAPITRE VII.

De l'évidence de fait, pag. 73.

Comment on connoit qu'il y a des corps. Ce qu'on entend par un fait.

CHAPITRE VIII.

De l'objet de l'évidence de fait, et comment on doit la faire concourir avec l'évidence de raison, pag. 77.

L'évidence de fait et l'évidence de raison doivent concourir ensemble. Ce qu'on entend par phénomène. Ce qu'on entend par observation. Ce qu'on entend par expérience. Objet que je me propose dans la suite de cet ouvrage.

LIVRE SECOND.

Où l'on fait voir par des exemples comment l'évidence de fait et l'évidence de raison concourent à la découverte de la vérité.

CHAPITRE PREMIER.

Du mouvement et de la force qui le produit, pag. 82.

Le mouvement est le premier phénomène. Le lieu d'un corps est une partie de l'espace. Nous ne connoissons que le lieu relatif. Nous ne connoissons que le mouvement relatif. La force qui est la cause du mouvement, ne nous est pas connue. La vitesse est comme l'espace parcouru dans un temps donné. Mais nous ne connoissons ni la nature de l'espace. Ni celle du temps. Ni celle de la matière. Il ne faut donc considérer ces choses que par les rapports qu'elles ont entre elles et avec nous.

CHAPITRE II.

Observations sur le mouvement, pag. 89.

Un corps en repos persévère dans son état de repos. Un corps mu persévère à se mouvoir uniformément et en ligne droite. Nous ne connoisons pas la cause de ces phénomènes. Nous ne savons pas comment agit ce qu'on nomme force motrice.

CHAPITRE III.

Des choses qui sont à considérer dans un corps en mouvement, pag. 95.

Comment nous jugeons de la quantité de force. Comment nous jugeons de la vitesse. Rapport qui est entre les espaces parcourus par deux corps.

CHAPITRE IV.

De la pesanteur, pag. 99.

Attraction, cause inconnue de la pesanteur. Ce qu'on entend par poids. Les poids sont comme les masses. Les corps devroient donc tomber avec la même vitesse. Mais la résistance de l'air met de la différence dans la vitesse de leur chute. Comment agit l'attraction qu'on observe dans toutes les parties de la matière.

CHAPITRE V.

De l'accélération du mouvement dans la chûte des corps, pag. 104.

Espace parcouru dans la première seconde. Fig. 8. Supposition à ce sujet. Autre supposition. Fig. 8. Comment la pesanteur agit. Dernière supposition. Dans quelle proportion croît la force imprimée par la pesanteur. Fig. 8. Usage des suppositions dans la recherche de la vérité. Loi de l'accélération du mouvement dans la chûte des corps. La somme des espaces est égale au carré des temps. Comment on peut connoître à quelle hauteur un projectile s'est élevé.

CHAPITRE VI.

De la balance, pag. 113.

Fig. 9. Lorsqu'un fléau se meut sur son centre, les vitesses de chaque point sont entre elles comme les distances au centre. La force des corps suspendus à ces points est comme le produit de la masse par la distance. Fig. 10. Cas où il y a equilibre. Cas où l'équilibre cesse. Plusieurs corps en équilibre avec un seul. La force d'un poids est en raison composée du poids par la distance. Deux corps en équilibre pèsent sur le même centre de gravité. Toutes les parties d'une boule sont en équilibre autour du même centre. Tout le poids d'un corps est comme réuni dans son centre de gravité. Direction du centre de gravité. Fig. 11. Chûte d'un corps le long d'un plan incliné. Fig. 11. Différence entre le centre de gravité et le centre de grandeur.

CHAPITRE VII.

Du levier, pag. 120.

Les machines sont pour les bras, ce que les méthodes sont pour l'esprit. Fig. 12. Le levier, quant au fond, est la même machine que la balance. Les principes sont les mêmes pour l'un et pour l'autre. Fig. 12. Considération sur les leviers recourbés. Fig. 14. Il y a trois sortes de leviers. Fig. 15. Fig. 16. Fig. 17.

CHAPITRE VIII.

De la roue, pag. 125.

La roue est formée d'une multitude de leviers qui tournent autour d'un point d'appui. Fig. 18. La distance du poids est à la distance de la puissance, comme le demi-diamètre de l'essieu est au rayon de la roue. Mais le poids s'éloigne du point d'appui à mesure qu'il s'élève.

CHAPITRE IX.

De la poulie, pag. 127.

Le diamètre d'une poulie est une balance. Planche II. Fig. 19. Par le moyen d'une suite de poulies, une petite puissance soutient un grand poids. Fig. 20.

CHAPITRE X.

Du plan incliné, pag. 130.

Un poids sur un plan incliné est soutenu en partie par le plan. Fig. 22. Un poids est soutenu, sur un plan incliné, par la moindre puissance possible, lorsque la ligne de traction est parallèle au plan. Fig. 23. La puissance doit être au poids, comme la hauteur du plan à la longueur. Fig. 23. Vitesse avec laquelle un corps descend d'un plan incliné. Fig 24. Son mouvement s'accélère dans la proportion 1, 3, 5, 7. Comment on connoit l'espace qu'il doit parcourir sur un plan incliné, dans le même temps qu'il tomberoit de toute la hauteur. Qu'un corps tombe perpendiculairement, ou le long d'un plan incliné, il acquiert la même force, toutes les fois qu'il tombe de la même hauteur.

CHAPITRE XI.

Du pendule, pag. 138.

Un corps qui tombe le long des cordes d'un cercle, les parcourt dans le même temps qu'il parcourroit tout le diamètre. Fig. 25. Planche III. Un pendule fait ses vibrations dans le même temps qu'il parcourroit quatre diamètres du cercle dont il est le rayon. Fig. 25. Conditions nécessaires aux vibrations isochrones. Proportion entre la longueur du pendule et la durée des vibrations. Fig. 26. Pour déterminer la longueur d'un pendule, il faut connoître le centre d'oscillation. Fig. 27. Fig. 28. Fig. 29. Objet du livre suivant.

LIVRE TROISIÈME.

Comment l'évidence de fait et l'évidence de raison démontrent le systême de Newton.

CHAPITRE PREMIER.

Du mouvement de projection, pag. 148.

Effet de la résistance de l'air et de la pesanteur sur un projectile poussé horisontalement. Fig. 30. Ce projectile parcourt la diagonale d'un parallélogramme dans le même temps qu'il auroit parcouru un des deux côtés. Fig. 31. En parcourant une suite de diagonales, il décrit une courbe. Fig. 32.

CHAPITRE II.

Du changement qui arrive au mouvement, lorsqu'une nouvelle force est ajoutée à une première, pag. 158.

Les forces agissent avec des directions qui conspirent ou qui se contrarient. Fig. 33. Effet des forces lorsqu'elles agissent dans la même direction. Effet des forces dont les directions sont contraires. La vitesse augmente lorsque deux forces agissent à angle droit. Fig. 33. Elle augmente encore, lorsque les forces agissent à angle aigu. Si la seconde force fait avec la première un angle obtus, la vitesse sera la même, ou sera plus petite. Les propositions de ce chapitre sont identiques avec celles du chapitre précédent. La loi que suit la pesanteur, et celle que suit un corps mu par deux forces qui font un angle, seront identiques avec plusieurs phénomènes que nous expliquerons.

CHAPITRE III.

Comment les forces centrales agissent, pag. 165.

Ce qu'on entend par force centrifuge, centripète et centrale. Rapport des forces centrifuge et centripète dans un corps mu circulairement. Fig. 34. Exemple. Fig. 34. La gravité ou l'attraction agit en raison directe de la quantité de matière. Et en raison inverse du carré des distances. Exemple qui rend sensible cette dernière proposition. Fig. 35. Planche IV. Le poids d'un corps à une distance quelconque est au poids sur la surface de la terre, comme l'unité au carré de sa distance. La vitesse avec laquelle un corps descend, est en raison inverse du carré de sa distance. Quelle est la force centripète de la lune. Quelle est sa force centrifuge. Fig. 36. Comment on connoit l'orbite qu'elle décrit. Comment les observations confirment les calculs qu'on fait à ce sujet. Pourquoi il est difficile d'expliquer les irrégularités apparentes de la lune. Fig. 37. Effet de l'attraction du soleil sur la lune.

CHAPITRE IV.

Des ellipses que les planètes décrivent, pag. 177.

Les ellipses s'expliquent par une suite de propositions identiques avec ce qui a déjà été prouvé. Fig. 38. Partie de l'ellipse décrite par un mouvement accéléré. Partie de l'ellipse où le mouvement est retardé. L'augmentation et la diminution des angles n'est pas la seule cause qui accélère et qui retarde le mouvement.

CHAPITRE V.

Des aires proportionnelles aux temps, pag. 180.

Fig. 38. Ce qu'on entend par le moyen vecteur, et par les arcs qu'il décrit. Les aires sont proportionnelles aux temps. Cette vérité est sensible, lorsqu'une planète se meut dans une orbite circulaire. Preuve de cette vérité, lorsqu'une planète se meut dans une ellipse. Fig. 38. Fig. 39. Les aires ne sont égales aux temps que dans la supposition qu'une planète est constamment dirigée vers un même centre. Conséquences qui résultent de cette vérité. Pourquoi une comète ne tombe pas dans le soleil, et pourquoi elle ne s'échappe pas de son orbite. Fig. 40. Sa gravitation obéit aux mêmes lois que la pesanteur auprès de la surface de la terre. Les planètes et les comètes doivent continuellement se rapprocher du soleil. Comment une comète peut tomber dans le soleil. Fig. 41. L'excentricité des orbites des planètes est assez sensible pour être observée. Les révolutions sont plus courtes, à proportion que les planètes sont plus près du soleil.

CHAPITRE VI.

Du centre commun de gravité entre plusieurs corps, tels que les planètes et le soleil, pag. 192.

On retrouve la balance dans la révolution de deux corps autour d'un centre commun de gravité. Fig. 42. Dans la révolution, par exemple, de la lune et de la terre autour de leur centre commun. Et dans la révolution de ces deux planètes autour du soleil. Différentes situations de la lune et de la terre pendant leur révolution autour du soleil. Fig. 43. Comment on détermine à peu près le centre commun de gravité entre les planètes et le soleil.

CHAPITRE VII.

De la gravitation mutuelle des planètes entre elles, et des planètes avec le soleil, pag. 202.

Irrégularités que l'attraction du soleil produit dans le mouvement de la lune. Fig. 43. Pourquoi les irrégularités qu'elle cause dans les satellites de Jupiter et de Saturne ne sont pas sensibles. Irrégularités produites dans le cours des planètes par leur gravitation mutuelle.

CHAPITRE VIII.

Comment on détermine l'orbite d'une planète,
pag. 205.

On fait d'abord une première hypothèse. Que l'observation détruit. Fig. 44. Et on fait des hypothèses jusqu'à ce qu'elles soient confirmées par les observations. Planche V.

CHAPITRE IX.

Du rapport des distances aux temps périodiques,
pag. 208.

Il y a nécessairement un rapport entre les distances et les temps périodiques. Képler l'a découvert en observant les satellites de Jupiter. Les planètes confirment cette observation. Newton la démontre par sa théorie. Avec la loi que suit l'attraction et les deux analogies de Képler, il explique le système du monde.

CHAPITRE X.

De la pesanteur des corps sur différentes planètes,
pag. 212.

On est parvenu à déterminer le poids des mêmes corps sur différentes planètes. Le poids d'un corps est plus grand à la surface d'une planète qu'à toute autre distance. Fig. 45. La masse et le diamètre d'une planète étant connus, on peut juger du poids des corps à sa surface. Sur la surface de Jupiter un corps a le double du poids qu'il auroit sur notre globe.

CHAPITRE XI.

Conclusion des chapitres précédens, pag. 216.

L'univers n'est qu'une balance. Toutes les vérités possibles se réduisent à une seule.

LIVRE QUATRIÈME.

Des moyens par lesquels nous tâchons de suppléer à l'évidence.

CHAPITRE PREMIER.

Réflexions sur l'attraction, pag. 220.

Ce seroit une erreur de supposer que l'attraction suit toujours la même loi. Il faut être en garde contre la manie de généraliser. Les Newtoniens ne sont pas tout-à-fait exempts de reproches à cet égard. Attraction qui n'a lieu qu'au point du contact, ou que très-près de ce point. Exemples de cette attraction. Combien l'attraction agit différemment, suivant la variété des circonstances. Comment, d'après l'attraction, les Newtoniens expliquent la solidité et la fluidité. La dureté. La mollesse. L'élasticité, la dissolution, la fermentation et l'ebullition. Défaut de ces explications. Question vaine au sujet de l'attraction.

CHAPITRE II.

De la force des conjectures, pag. 232.

Utilité des conjectures. Excès à éviter. Il faut quelquefois faire des conjectures pour arriver à l'évidence. Quel est le plus foible degré de conjecture. Usage qu'on en doit faire. Second degré de conjecture. Sur quoi il est fondé. Combien il est peu sûr. Erreurs où il fait tomber. Comment il acquiert de la certitude. Les conjectures ne sont pas des vérités, mais elles doivent ouvrir le chemin à la vérité. L'histoire est le véritable champ des conjectures.

CHAPITRE III.

De l'analogie, pag. 241.

L'analogie a différens degrés de certitude. Analogie des effets à la cause et de la cause aux effets. Exemple où l'analogie prouve que la force se meut sur elle-même et autour du soleil. Analogies qui viennent à l'appui. Analogie qui n'est fondée que sur des rapports de ressemblance. Analogie fondée sur le rapport à la fin. Elle prouve que les planètes sont habitées. Elle ne prouve pas de même que les comètes le sont. Exemple où les différens degrés d'analogie sont rendus sensibles.

LIVRE CINQUIEME.

Du concours des conjectures et de l'analogie avec l'évidence de fait et l'évidence de raison, ou par quelle suite de conjectures, d'observations, d'analogies et de raisonnemens, on a découvert le mouvement de la terre, sa figure, son orbite, etc., *pag.* 254.

Combien les hommes sont portés à raisonner par préjugés.

CHAPITRE PREMIER.

Premières tentatives sur la figure de la terre, pag. 257.

Comme la terre paroît immobile, elle paroît une surface plate. Comment on a jugé que sa surface est convexe dans la direction du levant au couchant. Comment au-dessus de cette surface on traça une portion des tropiques, et une portion de l'équateur, et une portion du méridien. Il falloit tracer des routes dans les cieux avant d'en tracer sur la terre. Comment on jugea que la surface de la terre est convexe dans la direction des meridiens. Idee qu'on se fait de l'hémisphère. Comment on imagina un autre hémisphère. L'opinion des antipodes n'etoit encore qu'une conjecture. Comment on jugea que la terre est ronde.

D'où on conclut que toutes les parties pèsent également vers le même centre, et on comprit comment l'autre hémisphère peut être habité. On en fut convaincu. Alors on imagina la terre parfaitement sphérique. Preuve qu'on crut en donner. On ne raisonnoit pas conséquemment.

CHAPITRE II.

Comment on est parvenu à mesurer les cieux, et puis la terre, pag. 270.

Comment on se représente le plan de l'équateur, et celui du méridien, et celui de l'horison. Fig. 46. L'angle du plan de l'horison avec le plan de l'équateur détermine le degré de latitude où l'on est. Comment on mesure cet angle. Fig. 46. Comment on détermine la position des lieux par rapport au pole, ou par rapport à l'équateur. Fig. 46. Comment on détermine le degré de longitude d'un lieu.

CHAPITRE III.

Comment on a déterminé les différentes saisons, pag. 278.

Les saisons. L'écliptique. L'année. Le zodiaque. Différence des saisons suivant le cours du soleil.

CHAPITRE IV.

Comment on explique l'inégalité des jours, pag. 281.

Le jour considéré par opposition à la nuit. Sphère droite qui donne les jours égaux aux nuits.

Sphère parallèle qui donne six mois de jour et six mois de nuit. Sphère oblique qui donne les jours inegaux. Les équinoxes. Les solstices. Les colures. Les jours pris pour des révolutions de 24 heures, n'ont pas exactement la même durée.

CHAPITRE V.

Idée générale des cercles de la sphère, et de leur usage, pag. 286.

Cercles dont nous avons déjà parlé. Axe de l'écliptique. Ses poles décrivent des cercles polaires. Les zones. Les climats. Les cercles de longitude et les cercles de latitude. Le mouvement des cieux par rapport aux révolutions diurnes, et par rapport aux révolutions annuelles. Inclinaison de l'axe de la terre. La précession des equinoxes. Comment on a déterminé plus exactement le pole du monde.

CHAPITRE VI.

Comment on mesure les degrés d'un méridien, pag. 293.

Les premières mesures de la terre ont été peu exactes. On se trompoit en jugeant de l'élévation des étoiles par rapport à l'horison. Il en falloit juger par rapport au zénith. Si la terre est parfaitement ronde, les degrés du méridien sont égaux. Fig. 47. Fig. 48. L'amplitude d'un arc de méridien. Comment on détermine cette amplitude. Pour comprendre comment on mesure des grandeurs inaccessibles, il faut prendre pour principe que *les trois angles d'un triangle sont égaux à deux droits.* Un côté et deux angles étant connus, on détermine le troisième angle et les deux autres côtés. Fig. 49. Comment on mesure la largeur d'une rivière. Fig. 50. Comment, par une suite de triangles, on mesure un degré du méridien. Comment on mesure la distance des astres qui ont une parallaxe. Fig. 51.

CHAPITRE VII.

Par quelle suite d'observations et de raisonnemens, on s'est assuré du mouvement de la terre, pag. 306.

Chaque planète paroît à ses habitans le centre de tous les mouvemens célestes. Les différentes phases de la lune prouvent qu'elle se meut autour de la terre. Les différentes phases de Vénus prouvent qu'elle tourne autour du soleil, dans une orbite plus petite que celle de la terre. L'observation prouve que l'orbite de Mars renferme celle de la terre. Elle prouve la même chose de celle de Jupiter et de celle de Saturne. Raisons qui prouvent que Mercure fait sa révolution autour du soleil. Les planètes supérieures et les planètes inférieures font leurs révolutions dans des temps inégaux. Quels seroient pour nous les phénomènes si nous nous placions au centre de ces révolutions. Phénomènes que nous verrions de Vénus. Fig. 55. Fig. 56. Pl. VI. Ces phénomènes prouvent que la terre se meut autour du soleil.

CHAPITRE VIII.

Des recherches qu'on a faites sur la figure de la terre, pag. 315.

Le mouvement de rotation donne aux parties de la terre une force centrifuge plus ou moins grande. La pesanteur est donc moins grande sous l'equateur, et la terre est applatie aux poles. Expérience qui le confirme. Figure qu'on donne en conséquence à la terre. Résultat de la théorie d'Huyghens à ce sujet. Résultat de la théorie de Newton. La théorie d'Huygens est défectueuse. Celle de Newton l'est aussi. La théorie ne sauroit prouver que la terre a une figure régulière. Faux raisonnemens qu'on fait pour défendre la théorie. Cette théorie porte sur des suppositions qu'on ne prouve pas. Mesures qui sembleroient prouver que les degrés ne sont pas semblables à même latitude. Quand les meridiens seroient semblables, il n'est pas prouvé qu'ils soient des ellipses. On a mesuré plusieurs degrés du méridien pour déterminer l'applatissement de la terre. Mais on a toujours supposé à la terre une figure régulière. Degrés mesurés en France; au Pérou et en Laponie : au cap de Bonne-Espérance, en Italie. Les doutes subsistent.

CHAPITRE IX.

Principaux phénomènes expliqués par le mouvement de la terre, pag. 331.

Pourquoi nous voyons le ciel comme une voûte surbaissée. Pourquoi cette voûte paroît tourner en 24 heures. Pourquoi le soleil paroît se mouvoir dans l'écliptique. Fig. 57. Pourquoi il paroît aller d'un tropique à l'autre. Ce qui nous donne des saisons différentes, et des jours plus ou moins longs. Les orbites des planetes coupent le plan de l'écliptique. Les planetes dans leurs nœuds et hors de leurs nœuds. Les planètes inférieures paroissent toujours accompagner le soleil. Fig. 58. Pourquoi on distingue deux mois lunaires. Différentes positions de la lune. Eclipses. Fig. 59. Fig. 60. Les éclipses servent à déterminer les longitudes. Comment le même jour peut être pris pour trois jours différens.

CHAPITRE X.

Idée générale du systéme du monde, pag. 345.

Corps qui sont hors de notre système planétaire. Nombre des planètes. Leurs orbites sont des ellipses. Le soleil est dans un des foyers. Fig. 61. La ligne des absides. Les planetes se meuvent d'occident en orient dans des plans différens. Rapports de distance des planètes au soleil. Fig. 62. PL. VII. Rapports de grandeur. Temps de leurs révolutions. Planches VIII et IX.

CHAPITRE DERNIER.

Conclusion, pag. 351.

FIN DE LA TABLE DES MATIÈRES.

www.ingramcontent.com/pod-product-compliance
Lightning Source LLC
Chambersburg PA
CBHW050534170426
43201CB00011B/1422